MANUSCRIT DE PARIS.— PUBLIÉ SOUS LA DIRECTION DE LA
SOCIÉTÉ LITTÉRAIRE ET HISTORIQUE DE QUÉBEC.

——◦◦◦◦◦◦◦——

HISTOIRE DU MONTRÉAL

(Par l'abbé François Dollier de Casson)

(Voir la note de la page...)

1640-1672.

———————

MONTRÉAL

EUSÈBE SENÉCAL, IMPRIMEUR-ÉDITEUR

Rue St. Vincent, Nᵒˢ 6, 8 et 10.

1871

[MANUSCRIT DE PARIS. — PUBLIÉ SOUS LA DIRECTION DE LA SOCIÉTÉ
LITTÉRAIRE ET HISTORIQUE DE QUÉBEC.]

HISTOIRE DU MONTREAL. [1]

1640-1672.

A MESSIEURS LES INFIRMES DU SÉMINAIRE DE ST. SULPICE. [2]

Je vous envoie, messieurs, cette relation afin qu'elle vous serve
d'un vaisseau fort commode pour venir au Montréal sans que vous
ayez besoin pour cela de remèdes pour disposer vos corps aux
rigueurs du voyage. Si vous êtes incommodés d'un mal de mer
importun, ne craignez pas les soulliers en ce trajet car le bran-
lement de ce navire n'augmentera aucunement vos douleurs : si
vous avez l'estomac faible et que vous appréhendiez par trop les
maux de cœur que cause ordinairement une mer agitée, fiez-vous
sur ma parole, tournez hardiment ce feuillet et vous embarquez

[1] Manuscrit de Paris sans nom d'auteur, dont copie apportée à Montréal en
novembre 1845, par l'hon. L. Jos. Papineau et faite aux frais et pour la province
du Canada.
Ouvrage attribué à M. François Dollier de Casson, prêtre de St. Sulpice de
Paris, et troisième supérieur de Montréal.

[2] Ce mémoire est assurément de M. Dollier, quoiqu'il n'en porte pas le nom,
la note sur le voyage de 1669 justifie ce fait. Je n'ai pas revu ce mémoire tout
de mes propres yeux, mais il m'a été relu par le copiste, pendant que je tenais
l'original en mains. Comme cela s'est fait la nuit, quelques erreurs seront peut-
être restées, toutefois je puis dire que la copie sera plus lisible quoiqu'il y ait,
plus claire, mieux orthographiée que l'œuvre de M. Dollier, souvent indéchiffrable.
—août 20, 4h du matin.

sans crainte ; car je vous promets que cette traversée vous sera si douce qu'à peine vous vous en apercevrez. Si vous avez peur de ces mouches que nous appelons maringouins qui donnent tant d'exercice aux habitants de ce pays, assurez-vous que je les banirai si bien de ce livre que vous n'y en trouverez pas un ; si la faiblesse de vos yeux vous fait craindre nos neiges, je m'offre pour garant de vos vues, pourvu que vous ne vous serviez pas d'autre navire afin d'y venir. Si vous appréhendez la dépense que pourrait causer cette entreprise, afin de la modérer et d'épargner votre bourse, je vous offre le passage gratis, pourvu que vous vouliez m'accorder quelques heures de ce temps que messieurs vos médecins ou apothicaires ne vous permettent pas de donner à des emplois plus utiles ; que si vous me dites ? tout cela est bon, mais nous voudrions approcher autrement de notre beau fleuve pour admirer plus agréablement la beauté de son cours, je vous répondrais que si quelques-uns d'entre vous sont dans ces sentiments, j'en ai trop de joie pour m'y opposer, qu'ils viennent à la bonne heure comme il leur plaira goûter la belle eau de nos rapides et apprendre par leur propre expérience que la Seine lui doit céder son nom puisque celle-ci est mille fois plus avantageuse pour la santé du corps.

AU LECTEUR.

Comme je ne souhaite point tromper ceux qui se donneront la peine de lire cette relation, je veux bien les avertir qu'ils ne peuvent pas espérer de moi que ce soit sans quelques légères erreurs sur l'ordre des temps et que je serai si fidèle à leur rapporter toutes les belles actions qui se sont faites en ce lieu que je n'en omette pas une. Premièrement, parce que la religion de ces personnes pieuses et qualifiées, lesquelles ont peuplé cette île aux dépens de leur bourse, n'a jamais pu souffrir que rien de remarquable parut chez les libraires touchant ce qui a été fait ici, si bien que je suis contraint aujourd'hui de laisser dans un profond silence et au milieu des ténèbres ce qui mériterait d'être exposé au plus beau jour, lorsque je n'en ai pas des témoignages authentiques ; en second lieu, il y a eu tant d'attaques en ce poste avancé, tant de coups donnés et reçus, les témoins y ont été tant de fois repoussés, depuis trente-et-un an qu'on y est établi, d'ailleurs il y a tant de faits considérables, pour la piété surtout à l'égard des personnes qui soutenaient cet ouvrage, que j'aurais beau examiner les temps et les saisons, je serais toujours contraint d'oublier bien des choses dignes de mémoire. En troisième lieu, je vous dirai que j'ai si peu de temps à moi, que je ne puis faire autre chose sinon parcourir ce petit jardin de Mais, prenant sans avoir le loisir de m'y arrêter, tantôt une fleur en un endroit, tantôt une autre, pour vous former ce bouquet ; que si les fleurons qui le composent se trouvent moins artistement accomodés, je ne laisserai pas de vous le présenter volontiers, parce qu'il vous sera difficile de l'approcher sans que vous répandiez la suave odeur de cet époux des cantiques qui s'est fait suivre dans un pays éloigné par tant de personnes considérables, soit par leur démarche du corps, soit par les démarches de l'esprit et de l'affection, soit par les démarches de la bourse dont les largesses ne se sont pas fait voir avec peu de profusion et ne contribuent pas peu encore aujourd'hui aux reconnaissances et hommages qui y sont rendus au créateur de l'univers aux pieds de ces nouveaux autels surtout par plusieurs personnes qui n'y pourraient pas maintenant subsister, où du moins, elles y seraient dans la dernière misère sans les profusions charitables de la France qui les aide de temps en temps à faire leur pénitence avec moins d'inquiétude en ce grand éloignement dans lequel elles se trouvent de tous leurs amis, après avoir essuyé et courus des périls qu'il se verra dans la suite de cette histoire, à laquelle les choses qui se sont passées depuis l'an 1640 jusqu'à l'an 1641, au départ des vaisseaux de Canada en France, serviront d'une fort belle et riche entrée ; ensuite nous marquerons toutes les autres années à la tête des chapitres, comptant notre année historique depuis le départ des vaisseaux du Canada pour la France dans une année jusqu'au départ d'un vaisseau du même lieu pour la France dans l'an suivant ; ce que nous faisons de la sorte parce que toutes les nouvelles de ce pays sont contenues chaque année en ce qui se fait ici depuis le départ des navires d'une année à l'autre et en ce qu'on reçoit de France par les vaisseaux qui en reviennent ; et comme nous puisons dans ces deux sources ce que nous mandons tous les ans à nos amis, j'ai cru que l'ordre naturel voulait que je cottasse ainsi mes chapitres pour une plus sûre division de cette histoire.

DEPUIS L'AN DE N. SEIGNEUR 1640 JUSQU'A L'AN 1641, AU DÉPART DES VAISSEAUX DE CANADA EN FRANCE.

La main du Tout-Puissant qui se découvre ici tous les jours en ses ouvrages voulut, l'an quarantième de ce siècle, se donner sin-

gulièrement à connaître par celui du Montréal dont elle forma les
desseins dans l'esprit de plusieurs d'une manière qui faisait dans
le même temps voir au Dieu une bonté très-grande pour ce pays,
auquel elle voulut lors donner ce poste comme le bouclier et le
boulevard de sa défense, une sagesse non pareille pour la réussite
de ce qu'elle y voulut entreprendre n'admettant rien de ce que la
prudence la plus politique eut pu requérir ; une puissance prodigieusement surprenante pour l'exécution de cette affaire, faisant de
merveilleuses choses en sa considération ; tous les habitants de
la Nouvelle-France savent assez combien il leur a valu d'avoir ce
lieu avancé vers leurs ennemis pour les arrêter et retenir dans leurs
considérables descentes. Ils n'ignorent pas que très-souvent, cette
isle a servi de digue aux Iroquois pour arrêter leur furie et leur
impétuosité ; se dégoûtant de passer plus outre, lorsqu'ils se
voyaient si vigoureusement reçus dans les attaques qu'ils y faisaient,
et la suite de cette histoire fera tellement toucher au doigt combien
le Canada lui est obligé de sa conservation, que ceux qui sauront
par leurs propres expériences la sincérité et vérité de ce discours,
béniront en le lisant mille fois le ciel d'avoir été assez bon pour
prendre et concevoir le dessein d'un ouvrage qui lui est si avantageux ; que si la bonté de Dieu a paru visiblement en cette entreprise, sa sagesse et toute puissance n'y ont pas brillé avec moins
d'éclat, étant vray qu'il est impossible de repasser dans son esprit
toutes les choses qui se firent dans l'année, dont nous parlons sur
le sujet de Montréal sans admirer partout ces perfections diverses
qui concouraient tellement l'une avec l'autre au dessein duquel
nous traitons, qu'il paraissait clairement que cet ouvrage n'appar-
tenait pas aux hommes mais seulement à la sagesse de Dieu et à
son pouvoir infini mus par sa seule bonté, à en agir de la sorte ;
mais voyons un peu comme ces deux attributs divins de la sagesse
et de la puissance s'assistèrent l'un à l'autre afin d'enfanter et de
mettre au monde cet ouvrage. La Providence de Dieu voulant
rendre cette isle assez forte pour être la frontière du pays, et voulant du reste la rendre assez peuplée pour y faire retentir les
louanges de son créateur, lequel y avait été jusqu'alors inconnu, il
fallait qu'elle jetta les yeux sur plusieurs personnes puissantes et
pieuses afin d'en faire une compagnie qui entreprit la chose car la
dépense devait en être grande, elle eut été excessive si plusieurs
personnes puissantes et de qualité, ne se fussent réunies pour cet
effet, et l'union n'aurait pas longtemps duré si elle n'avait été entre
des personnes pieuses détachées du siècle et entièrement dans les
intérêts de Notre Seigneur, d'autant que cette association se devant
faire sans espoir de profit et en ayant encore même aujourd'huy

fort peu à espérer d'ici plusieurs années en ce lieu, elle se serait
bientôt détruite si elle avait été intéressée quand elle n'aurait eu
que ce seul chagrin d'être obligée de toujours mettre sans espérance de ne rien mettre d'un très-longtemps : de plus, il fallait que
la providence divine disposant quelque illustre commandant pour
ce lieu, lequel fut homme de cœur, vigoureux, d'expérience, et
sans autres intérêts que ceux de l'éternité. Outre cela, il fallait
que la même providence choisit une personne pareillement dégagée
pour y avoir soin des pauvres, malades et blessés en attendant que
le monde se multipliant, elle procura à cette isle l'assistance d'un
hôpital pour seconder ou tenir la place de cette personne, sur quoi
il est à remarquer qu'il était de besoin que ce fut quelque fille où
femme à cause que les personnes de ce sexe sont propres à plusieurs
choses qui ne se font pas communément si bien par ceux d'un sexe
différent dans un lieu où il n'y en a point. Mais à dire le vrai, il
fallait que ce fut une personne toute de grâce pour venir dans ce
pays sy éloigné, sy sauvage et sy incommode, et il était nécessaire
qu'elle fut extrêmement protégée de la main du Tout-Puissant pour
conserver toujours le trésor de sa pureté sans aucun larcin où
véritable où faussement présumé, venant parmis les gens de guerre.
La providence a miraculeusement opéré toutes ces choses comme
nous verrons dans la suite de cette histoire qui nous fera admirer
également la sagesse de Dieu et son pouvoir, mais avant de parler
de cet illustre commandant et de cette personne choisie pour les
malades et blessés, revenons à l'érection de notre sainte compagnie,
aussi bien n'oserions nous rien dire présentement de ces deux personnes que le ciel a élues parce que la main de Dieu qui travaille
fortement chez elle, veut le faire comme en cachette ; ces deux
ouvrages si nécessaires sans que nos associés en aient aucune connaissance jusqu'à l'an prochain afin qu'ils la reçoient alors comme
une gratification purement céleste : sur donc voyons naître cette
belle association et prendre son origine dans la ville de Laflèche
par le moyen d'une relation de la nouvelle France, qui parlait
fortement de l'Isle de Montréal comme étant le lieu le plus propre
du pays afin d'y établir une mission et recevoir les sauvages, laquelle relation vint heureusement entre les mains de *M. de la Doversière*, personne de piété éminente qui fut d'abord beaucoup touché
en la lisant, et qui le fut encore bien davantage quelque temps
après, Dieu luy ayant donné une représentation si naïve de ce lieu
qu'il le décrivait à tous d'une façon laquelle ne laissait point de
doutes qu'il n'y eut bien de l'extraordinaire là dedans, car les
guerres avaient laissé si peu de moyens pour le bien connaître,
qu'à peine en pourrait-on donner une grossière idée, mais lui le

dépeignait de toutes parts, non-seulement quant aux castes et partie exterieure de l'Isle, mais encore il en dépeignait le dedans avec la même facilité, il en disait la beauté et bonté et largeur dans ses différents endroits ; enfin il discourait si bien du tout qu'allant un jour parler au Révérend Père Chauveau ou Chameveau, Rec teur du Collége de la Flèche qui le connaissait, et lui disant que Dieu lui avait fait connaître cette Isle la lui représentant comme l'ouvrage à laquelle il devait donner ses travaux afin de contribuer à la conversion des sauvages, par le moyen d'une belle colonie Française qui leur pouvait faire sucer un lait moins barbare ; cependant il vit ce qu'il devait faire et s'il croyait que cela fut de Dieu oui ou non, alors ce père éclairé du ciel, convaincu parce qu'il entendait de sa bouche lui dit : " N'en doutez pas M. employez- vous y tout de bon." Etant revenu des Jésuites, incontinent il dit tout ce qui s'était passé à M. le baron de *Fauquant*, gentilhomme fort riche qui était depuis peu venu demeurer chez luy, comme dans une école de piété, afin d'apprendre à bien servir N. Seigneur, Dieu l'ayant voulu conduire tout exprès sous ce pieux prétexte en la maison de son serviteur afin qu'il se trouva là à propos pour commencer le travail de cette nouvelle vigne, sur quoi il est à remarquer que ce pieux baron ayant vu la même relation que M. de la Doversière en avait été tellement touché qu'il ne lui eut pas plus tard fait connaître à quoi l'avait destiné le bon père Chauveau, qu'aussitôt il s'offrit à lui afin de s'associer pour le même dessein ; ces deux serviteurs du Tout-Puissant étant ainsi unis, ils prirent résolution d'aller de compagnie à Paris, afin de former quelque saint parti qui voulut contribuer à cette entreprise ; y étant arrivé, M. de la Doversière alla dans un hôtel où N. Seigneur conduisit feu M. *Hollie*, ces deux serviteurs de J. Christ en se rendant dans ce palais furent soudain éclairés d'un rayon céleste et tout à fait extraordinaire, d'abord ils se saluèrent, ils s'embrassèrent, ils se connurent jusqu'au fond du cœur, comme St. François et St. Domi- nique, sans se parler, sans que personne leur en dit mot et sans que jamais ils se fussent vus. Après ces tendres embrassements, ces deux serviteurs de notre maître céleste, M. Olier dit à feu M. de la Doversière : " Je sais votre dessein, je vas le recommander à Dieu au saint autel." Cela dit, il le quitta et alla dire la sainte messe que M. de la Doversière alla entendre, le tout avec une dévotion diffi- cile à exprimer quand les esprits ne sont pas embrasés du même feu qui consumait ces grands hommes ; l'action de grâce faite, M. *Holie* donna cent pistoles à M. de la Doversière, lui disant : " Tenez voilà pour commencer l'ouvrage de Dieu." Ces cent louis ont été le premier argent qui ait été donné pour cet œuvre, prémices qui

ont eu la bénédiction que nous voyons, sur quoy il est bien à
remarquer que Dieu ayant le dessein de donner dans un certain
temps pour lors connu à lui seul toute cette Isle au Séminaire de
St. Sulpice, il en souhaita toucher le premier argent par les mains
de son très-digne fondateur et premier supérieur, afin de la lui
engager en quelque façon et lui donner des assurances qu'il s'y
voulait faire servir un jour par ses enfants ; après cela, ils ne doivent pas craindre au milieu des tempêtes, ils n'en seront pas
abattus puisque Dieu est leur soutien ; et que pour le paiement de
toutes les grâces qu'il a voulu verser sur cet ouvrage par leur
moyen, il en a voulu recevoir les autres par des mains qui lui
étaient aussy agréables que celle de feu M. Hollie ; mais reprenons
le fil de notre histoire et faisons revenir M. de la Doversière trouver
son cher baron de Fauquand et exprimons si nous pouvons, la joie
avec laquelle il lui dit ce que nous venons de rapporter au sujet
de M. Holié ; exprimons si nous pouvons l'allégresse de cet illustre
baron en voyant une telle merveille, ensuite voyons ces trois
premiers associés dans leur première entrevue, et exprimons si
nous pouvons leurs tendres embrassades mélangées de larmes et
soupirs. Après disons que Dieu donne bien parfois de la joie à ses
serviteurs, disons que chez les grands de ce monde rien ne se
trouve de pareille, disons enfin que le lien amoureux formé par le
St. Esprit entre ces trois associés ne se rompera pas aisément, qu'il
sera fort, pour amener de puissants secours et faire entreprendre
des merveilles dans l'Isle de Montréal ; mais voyons un peu comme
Dieu les conduit pour la réussite de ce dessein ; il fallait avant
toutes choses qu'ils se rendissent les maîtres du lieu que la provi
dence les faisait envisager, mais pour y parvenir, il était nécessaire
auparavant, de traiter avec M. de Lauzon [1] auquel cette terre avait
été donnée, c'est ce dont s'acquitta quelques mois après avec beaucoup de vigilance et de soin le sieur de la Doversière, qui ne
négligeait aucune chose à l'égard de cette affaire que le ciel lui
avait commise ; pour cela, il s'adressa au *R. P. Charles Lallemand*
qui fut si convaincu après l'avoir ouï que ce dessein était de Dieu
qu'il se résolut de demander la permission d'aller avec lui trouver
M. de Lauson dans le Lionnais, où il était alors, afin de mieux
négocier la chose ; zèle à qui Dieu donna une telle bénédiction que
le traité de cette Isle se fit et se passa dans la ville de Vienne peu

---

1 Il signait Jean de Lauson, on a son autographie ; il était alors intendant de
Dauphiné et fut gouverneur du Canada de 1651 à 1656, qu'il partit tard dans l'automne sans attendre son successeur. Sa commission n'expirait que le 16 janvier
1657. Il laissa pour commander à sa place M. Charles de Lauson de Charny l'un
de ses fils frère du Sénéchal.—J. VIGER.

de temps après, ce qui fut au mois d'août du même 1640[1] : cela
donna un grand contentement aux nouveaux associés lesquels pour
une marque de leur extraordinaire confiance en Dieu avaient dès
le printemps avant l'accomplissement de cette affaire envoyé au
R. P. Lejeune, lors recteur de Kébecq, vingt tonneaux de denrée
outils et autres choses, afin qu'il prit la peine de leur les faire conserver pour l'an suivant : M. de la Doversière était retourné de
Viennois, après cette heureuse négociation, on commença lors de
travailler tout de bon à chercher les moyens de faire un grand
embarquement pour l'an 1641, mais si pour résister en ce lieu aux
incursions des sauvages, on avait besoin de gens soldats et résolus,
on avait encore plus besoin d'un digne chef pour les commander,
ce que représentant quelque temps après M. de la Doversière au P.
Charles Lallemand, ce bon père lui dit : "Je sais un brave
gentilhomme Champenois nommé M. de Maison-Neufve, (Paul des
Chaumedy sieur des Maison-Neufve) qui a telle et telle qualité
lequel serait possible bien votre fait et commission." Il vit que M.
de la Doversière désirait de le connaître, il lui dit son auberge
afin qu'il put le voir sans faire semblant de rien, ce qu'il fit fort
adroitement et sans qu'on s'aperçut des desseins qu'il avait; parcequ'il alla tout simplement loger dans cette auberge comme s'il
n'eut eu d'autre envie que d'y prendre ses repas, et parla ensuite
publiquement de l'affaire de Montréal qui était sur le tapis, afin de
voir si cela ne lui donnait point lieu d'entrer en quelque conversation sur ce fait avec M. de la Maison-Neufve, ce qui lui réussit
fort bien, car M. de la Maison-Neufve ne se contenta pas dans la
conversation de l'interroger plus que tous les autres ensemble sur
le dessein proposé, mais outre cela, il le vint par après trouver dans
le particulier, afin de lui dire qu'il serait bien aise pour éviter les
débauches de s'éloigner et que s'il pouvait servir à son dessein, il
s'y offrait volontiers, qu'il avait telle et telle qualité, qu'au reste il
était sans intérêt et avait assez de biens pour son peu d'ambition,
qu'il emploierait sa vie et sa bourse pour cette belle entreprise
sans vouloir autre chose que l'honneur de servir Dieu et le roy
son maitre, dans l'état et profession des armes qu'il avait toujours
portées. M. de la Doversière l'entendant parler d'un langage si
chrétien et résolu en fut tout charmé. Il le reçut comme un
présent de la providence divine laquelle voulait accomplir son

---

1 M. Faillon dit à ce sujet : « M. de Lauson cédant aux instances de M. de la
Dauversière qui fit, à cette fin, deux fois le voyage de Dauphiné, substitua à M.
Ollier et ses associés à sa place par contrat passé à Grenoble le 17 août 1640 et
approuvé par la grande compagnie dont il deverit la concession de l'Isle de Montréal au mois de décembre suivant. »

œuvre et l'offrait pour cette effet à la compagnie naissante du Montréal, aussy était-ce un homme digne de sa main, il était aisé à voir qu'il en venait et était propre à réunir les desseins qu'il avait sur cette compagnie à l'égard de cette Isle, elle luy avait fait commencer le métier de la guerre dans la Hollande dès l'âge de treize ans afin de lui donner plus d'expérience, elle avait eu le soin de conserver son cœur dans la pureté au milieu de ces pays hérétiques et des libertins qui s'y rencontrent, afin de le trouver par après digne d'être le soutien de sa foi et de sa religion ou ce nouvel établissement, elle le tint toujours dans une telle crainte des redoutables jugements derniers que pour n'être pas obligé d'aller dans la compagnie des méchants se dévertir, il apprit à pincer du luth, afin de passer son temps seul lorsqu'il ne se trouve-rait pas d'autres camarades, quand le temps fut venu auquel elle voulait l'occuper à son ouvrage, elle augmente tellement en lui cette appréhension de la divine justice que pour éviter ce monde perverti qu'il connaissait, il désira d'aller servir son Dieu dans sa profession dans quelques pays fort étrangers. Un jour, roulant ces pensées dans son esprit elle lui mit en main chez un avocat de ses amis une relation de ce pays dans laquelle il était parlé du père Ch. Lallemand, depuis quelque temps revenu du Canada ; la-dessus il pensa à part sai que peut être dans la nouvelle France, il y avait quelques employs ou il pourrait s'occuper selon Dieu et son état parfaitement retiré du monde, pour cela, il s'avisa d'aller voir le père Ch. Lallemant auquel il découvrit l'intime de son âme ; le père jugeant que ce gentilhomme était le véritable fait des messieurs du Montréal, il le proposa à M. de la Doversière lorsqu'il en parla comme nous l'avons dit ci dessous, ce qui réussit à son extrême joie ainsi que nous l'avons déjà remarqué et ce qui causa des contentements indicibles à tous messieurs les associés particu-lièrement lorsqu'ils apprirent les avantageuses qualités qui bril-laient dans ce commandant que la providence leur donnait en ce pressant besoin ; il est vrai que la joie qu'ils en conçurent s'aug menta encore beaucoup quand ils le connurent plus à fond ; quoi-que ce qu'ils remarquaient dans sa personne ne fut qu'un bien léger rayon de ce qu'il a fait paraître ici en lui ; on a vu en sa personne un détachement universel et non pareil, un cœur exempt d'autres appréhensions que celles de son Dieu, et une prudence admirable, mais entre autres choses, on a vu en lui une générosité sans example à récompenser les bonnes actions de ses soldats, pluseurs fois pour leur donner des vivres, il en manqué lui-même, leur distribuant jusqu'aux mets de sa propre table ; ils n'épargnait rien pour faire gagner quelque chose quand les sauvages venait en ce lieu ; même je sais qu'une fois remarquant une extraordinaire tristesse dans un bon garçon qui avait fait voir plusieurs fois son cœur contre les ennemis, il l'interrogea, et sachant que c'était parceque il n'avait rien de quoi traiter avec les Outaouas, lesquels étaient lors ici, il le fit venir en sa chambre, et comme il était tailleur de profession, il lui fit couper jusqu'aux rideaux de son lit pour les mettre en capots afin de les leur vendre et ainsi il le rendit content ; sur quoi il est bon de savoir qu'il ne faisait pas les choses pour en tirer aucun bien, mais par une pure et cordiale générosité laquelle le rendit digne de louanges et d'amour, ce que n'ont pas moins mérité plusieurs autres qui ne sont pas moins dépouillés que lui de ce qu'ils avaient, d'autant que tout ce qu'ils ont fait n'a été que par la cupidité d'un profitable négoce, qui cherche partout l'utile et le souverain de tous les biens.

Ce brave et incomparable gentilhomme rencontré, les associés ne songent plus qu'à de l'argent et à s'assurer de bons hommes afin de faire une belle et considérable dépense pour Dieu et l'hon neur de la France en leur première levée de boucliers, qu'ils résolurent de commencer au premier départ des navires pour le Canada, qui était au printemps suivant qui était celui de 1641.

Que s'ils réussirent Dieu les assista bien et il leur en couta bon, surtout à cause des faux frais que le peu d'expérience et la trom- perie des hommes fait faire en pareille occurence où il est à remar- quer que cet embarquement se monta à vingt cinq mille écus en France et qu'ils n'étaient encore que six personnes qui contri- buassent à ce dessein et que partout, il fallait que la grâce fut bien forte puisqu'elle les obligeait à employer tant de biens en faveur d'un ouvrage qu'ils savaient ne leur rien rapporter. Enfin le printemps venu, ils donnèrent les ordres pour l'embarquement qu'ils résolurent de faire principalement à Larochelle où messieurs de Fauquant et de la Doversière se rendirent exprès à la prière de leurs confrères, afin d'y assister M. de Maison-Neufve qui y allait après avoir reçu de MM. les associés la commission de venir com- mander en ce lieu où Sa Majesté leur a donné le pouvoir de com- mettre des Gouvernements, d'avoir du canon et autres munitions de guerre, ces trois messieurs ne furent pas plus tôt arrivés à Laro- chelle qu'ils recherchèrent encore de toute part du monde propre à bien soutenir ce poste. Ils ne choisirent pour cette mission que de bons hommes en quoi ils avaient d'autant plus raison qu'ils savaient que ce lieu devait être fort chaud et difficile à défendre par un petit nombre de soldats tel que celui qu'ils pouvaient fournir, vu la cruauté et la multitude des ennemis qu'ils y devaient combattre ; outre cette levée de soldats, ils firent de grandes

dépenses pour avoir les denrées, outils et marchandises nécessaires
à un établissement de la conséquence de celui-ci ; enfin ils n'épargnèrent rien pour réussir en leur dessein, mais au reste ils avaient
besoin d'une chose qu'ils ne pouvaient trouver et que leur bourse
ne leur pouvait fournir, c'était une fille ou une femme de vertu
assez héroïque et de résolution assez mâle pour venir dans ce pays
prendre le soin de toutes ses denrées et marchandises nécessaires
à la subsistance de ce monde et pour servir en même temps d'hos-
pitalière aux malades ou blessés ; que si leur argent ne la leur
peut octroyer la providence qui les avait assisté jusque-là et qui
depuis l'an 1640, les employait fortement à cet ouvrage, avait pris
le soin de disposer à leur insu la personne dont ils avaient besoin,
l'amenant à point nommé du fond de la Champagne en ce lieu de
leur embarquement dans le temps qu'ils s'aperçurent de la grande
nécessité qu'ils avaient et de l'impossibilité de la trouver, chose
qui est considérable et qui mérite trop d'avoir son récit en cette
histoire pour ne pas la rapporter tout au long, commençant par les
premiers mouvements de la vocation que ressent cette bonne fille
dont est question dans la ville de Langres en l'an 1640, environ la
mi-avril par le moyen d'un chanoine de ce lieu là, lequel parlant
de la Nouvelle-France avec beaucoup de zèle louer extrêmement
Notre Seigneur de ce qu'il s'y voulait maintenant faire servir par
l'un et l'autre sexe, ajoutant que depuis peu, une personne de
qualité, Mme de la Pelleterie, y avait mené des Ursulines que Mme
Deguillon [1] y avait fondé des Hospitalières et qu'enfin il y avait
bien des apparences que Dieu y voulait être particulièrement
honoré. Ce furent ces paroles qui donnèrent la première impression
de ce que ressentit jamais Mlle Manse en faveur de ce pays, c'est le
nom de cette fille que la moitié de l'univers avait choisi pour venir
travailler dans cette nouvelle vigne ; à mesure qu'elle entendait ce
discours, son cœur se laissait tellement surprendre par les mouvements les plus secrets et les plus forts de la grâce qu'ils la ravirent
à lui-même entièrement et la fit venir malgré lui en Canada par
ses désirs et par ses vues ; lors toute étonnée de se voir en cet état,
elle voulut réfléchir sur la faiblesse de sa complexion, sur ses ma
ladies passées, enfin elle se voulut munir de plusieurs raisons pour
s'exempter d'obéir à ses divins attraits ; mais tant plus elle retar-
dait, plus elle était inquiétée par la crainte de l'infidélité à ces
mouvements célestes. Son pays natal lui était une prison, son
cœur était sur des épines, que si elle les voulait découvrir à son

---

1 Marie Magdeleine de Wignerod ou de Vignerot, duchesse d'Aiguillon, elle
avait été marié à Antoine de Beauvon du Rouvres de Combarlet, dont elle n'eut
point d'enfants ; elle était nièce du Cardinal de Richelieu.

directeur pour les arracher elles étaient tellement abondantes et
fichées si avant qu'après avoir bien travaillé, il perdait l'espérance
d'en venir à bout ; c'est pourquoi ayant invoqué le St. Esprit il lui
dit de partir pour Paris le mécredi d'après la Pentecôte ; que là elle
s'adressa au père Lallemant qui avait soin des affaires du Canada,
que pour la direction de sa conscience elle prit le recteur de la
maison des Jésuites qui serait la plus voisine du lieu où elle
logerait.   Ayant reçu ces conseils, elle vint à Paris pour faire ce
que Dieu demandait d'elle, feignant en sa maison de n'y vouloir
aller qu'afin d'y voir ses parents.   En effet elle vint demeurer chez
eux près du noviciat des Jésuites, de là sans perdre beaucoup de
temps, elle alla voir le R. P. Lallemant, qui à la deuxième visite
l'encouragea grandement, lui dit des merveilles touchant les
desseins que Dieu avait sur la Nouvelle-France, et qu'il s'en alla
à Lyon pour une affaire de la dernière conséquence qui regardait
le Canada ; c'était pour la négociation du Montréal dont nous avons
parlé, mais il ne la lui découvrit pas, aussi n'en était-il pas besoin
pour lors, dans le même temps, elle vit le père *St. Jure*, recteur du
noviciat des Jésuites, qui lui dit peu de choses, n'approuvant, ni
ne désapprouvant rien aussi sur le sujet de sa vocation en ces
contrées ; ors comme le père *St. Jure* était bien occupé, elle fut trois,
mois ensuite sans lui pouvoir parler, mais enfin ayant fait connaissance avec Mme de Villersavin, cette dame la mena par après un
jour voir le père *St. Just*, qui la retint quand elle s'en voulut aller
afin de lui parler en particulier, lorsque madame de Villersavin
serait partie ; ce qu'il fit avec beaucoup de force et ouverture de
cœur, l'assurant que jamais il n'avait vu autant de marques de la
volonté du bon Dieu qu'en sa vocation ; qu'elle ne la devait plus
dissimuler comme elle l'avait fait jusqu'alors, que c'était une
œuvre de Dieu, qu'elle s'en devait déclarer à ses parents et à tout
le monde. Ces paroles dilatèrent tellement son cœur qu'elle ne
pouvait l'exprimer ; d'abord qu'elle fut à la maison, elle découvrit
tout ce mystère à ses parents, ils voulaient s'y opposer mais en
vain ; incontinent après, cela se divulga de toutes parts, et comme
en ce temps là, la chose était comme inouïe, cela fit un grand bruit,
surtout chez les dames qui prenaient plaisir de faire venir cette
demoiselle et de l'interroger sur une vocation si extraordinaire ;
la Reine même la voulut voir, comme aussi madame la Princesse,
madame la Chancelière et autres ; quand à son particulier, elle ne
répondait qu'une seule chose à tous, qu'elle savait bien que Dieu
la voulait dans le Canada mais qu'elle ne savait pas pourquoi ;
qu'elle s'abandonnait pour tout ce qu'il voudrait faire d'elle aveuglement. L'hiver suivant, un provincial des Récollets, homme d'un

grand mérite nommé le père Rupiere, [1] vint à Paris. Or comme elle le connaissait d'abord, elle le visita et lui dit les choses comme elles étaient ; à quoi il répondit, qu'approuvant son dessein et son abandon entre les mains de Dieu ; que cela étant bien, qu'il fallait ainsi qu'elle s'oublia elle-même mais qu'il était bon que d'autres en eussent le soin nécessaire ; c'est ce qui arriva par le ministère de ce saint homme, lequel quelques jours après, lui demanda qu'elle eut à se tenir prête pour aller chez Mme de *Bullion*, quand on la viendrait quérir ce qui fut l'après-midi ; quand elle fut arrivée, elle trouva son bon père *Rapine* avec cette pieuse Dame, laquelle prit grand plaisir à l'entretenir, jouissant entièrement avec elle de l'abandon où elle se trouvait au bon plaisir de Dieu, ensuite après avoir beaucoup causé avec elle la congédia la priant de la revenir voir ; à sa quatrième visite elle lui demanda si elle ne voudrait pas prendre le soin d'un hôpital dans le pays où elle allait, parce qu'elle avait l'intention d'en fonder un, avec ce qui serait nécessaire pour sa propre subsistance, que pour cela elle eut été bien aise de savoir qu'elle était la fondation de l'hôpital de *Kébecq* faite par Mlle d'Aiguillon. [2] Mademoiselle Mance lui avoua que la faiblesse de sa complexion jointe à sa mauvaise santé depuis 17 ou 18 ans ne devaient pas lui permettre de faire grand fond sur sa personne, que cependant elle s'abandonnait entre les mains de Dieu pour l'exécution de ses bons plaisirs, tant à l'égard des pauvres, que de tout ce qu'il lui plairait ; que quand à la fondation de l'hôpital de Québec, elle ne savait pas laquelle elle était, mais qu'elle s'en informerait. Ensuite elle continua toujours ses visites à cette bonne dame, à laquelle elle dit après s'en être soigneusement enquise à quoi se montait la fondation de l'hôpital de Kébecq, cette Dame l'ayant appris, elle donna des témoignages qu'on en devait pas moins attendre de sa libéralité. Enfin après toutes ces visites le printemps arriva auquel il fallait exécuter les desseins de Dieu ; il n'était plus temps de parler, il fallait agir, c'est à quoi notre demoiselle se prépare avec une gaieté et promptitude non pareille ; elle alla pour cet effet prendre congé de sa dame qui lui donna une bourse de 1200 livres en lui disant : " Voici les arrhes de notre bonne volonté en attendant que nous fasions le reste ; ce que nous accomplirons lorsque vous m'aurez écrit du lieu où vous serez et que vous m'aurez mandé l'état de toutes choses."

1 Le R. P. Rapin, provincial des Récollets.

2 La Duchesse d'Aiguillon fonda l'Hôtel-Dieu de Québec le 16 avril 1637, mais ce ne fut que le premier août 1639 que les premières Hospitalières arrivèrent à Québec pour commencer leur œuvre.

Après ces paroles elles se séparèrent ; mais cela ne se fit pas sans peine ; surtout à l'égard de cette bonne dame, laquelle avait bien du déplaisir de ne pouvoir pas donner au Canada son corps aussi bien que sa bourse, afin d'y venir prendre part aux premiers hommages qui ont été rendu au premier souverain de l'univers. Notre demoiselle ayant quitté madame de Bullion, elle voulut partir le jour suivant pour Paris pour s'embarquer, ses parents voyant que c'était sa résolution, souhaitèrent que ce fut en Normandie afin de la pouvoir accompagner jusque sur les bords de l'océan, mais elle tout au contraire, pour sacrifier et rompre au plus tôt les liens de la chair et du sang, voulut que ce fut à Larochelle, où d'ailleurs elle savait qu'il y avait des prêtres, lesquels passaient en Canada et qu'ainsi elle aurait la messe pendant le voyage ; ce fut là les deux motifs dont Dieu se servit pour faire venir Mlle Mance à ce port afin de l'y faire associer à la compagnie du Montréal par MM. de Fouquant et de la Doversière qui y étaient, ce qui n'eut arrivé si elle eut été par Dieppe comme ses parents le désiraient : cette résolution étant prise, elle partit et surmontant par son courage les fatigues d'un voyage qui d'ailleurs eut été à un corps tel que le sien était alors ; elle arriva au lieu tant désiré de son embarquement où la Providence lui assigna un logis tout proche des Jésuites sans savoir où elle allait ; ce qui lui donna un moyen d'aller saluer aussitôt le feu père *Laplace* qu'elle avait vu à Paris et qu'elle savait devoir passer la même année dans la *Nouvelle-France ;* ce père qui la connaissait fut très-heureux de la voir et même il le lui témoigna en lui disant qu'il avait bien eu peur qu'elle n'arriva pas avant le départ des navires. Après ce commencement d'entretien, il lui dit que Dieu faisait de merveilleux préparatifs pour le Canada en ajoutant : " Voyez-vous ce Gentilhomme qui m'a quitté afin que j'eusse la liberté de vous parler ? Il a donné vingt mille livres cette année pour une entreprise qui regarde ce pays-là ; il s'appelle le baron de Fouquand ; il est associé à plusieurs personnes de qualité, lesquelles font de grandes dépenses pour un établissement qu'il veut former dans l'Isle de Montréal qui est en Canada." Lui ayant fait part de toutes ces bonnes nouvelles, après quelques discours, il lui demanda où elle logeait, et sachant que c'était chez une Huguenotte il la fit mettre ailleurs, non pas qu'elle le demandait, car en ce lieu-là sur la route et partout généralement, Dieu disposait tellement le monde à son égard qu'elle était bien reçue en tous lieux, même à peine voulait-on de son argent, après l'avoir bien traitée, quand elle sortait des hôtelleries, il est vrai qu'il était bien juste que Dieu qui est le maître de tout le monde lui donna la grâce de gagner les cœurs d'un chacun pour la récompense de ce que faible et seule comme elle était, elle osait néanmoins tout entreprendre pour sa gloire, sans l'espérance de son unique soutien. Le lendemain de son arrivée, allant encore aux Jésuites elle rencontra M. de la Doversière qui en sortait, lequel sans l'avoir jamais vue, étant peut-être instruit par le R. P. Laplace, l'aborda, la salua par son nom et ensuite lui parla du dessein de Montréal, de leur société et union et de toutes leurs vues dans cet ouvrage avec une ouverture de cœur admirable ; peu après il lui avoua le besoin d'une personne désintéressée comme elle, qu'ils avaient bien une personne d'engagée pour le dehors et la guerre, mais qu'il leur était nécessaire d'avoir une personne qui eut soin du dedans ; qu'il y servirait assurément beaucoup Dieu, ensuite de ce pourparler il l'alla voir chez elle, la pressa sur ce sujet, mais elle de son côté lui témoigna appréhender cette union disant : " Si je fais cela, j'aurai plus d'appuie sur la créature et j'aurai moins à attendre du côté de la Providence." A cela il lui répondit : " Vous ne serez pas moins fille de la Providence, car cette année nous avons fait une dépense de 73,000 livres, je ne sais plus où nous prendrons le premier sol pour l'an prochain ; il est vrai que je suis certain que ceci est l'œuvre de Dieu et qu'il le fera, mais comment je n'en sais rien." Ces dernières paroles gagnant absolument notre demoiselle qui dit : pourvu que le R. P. St. Jure son directeur l'eust agréable ; elle s'unirait à eux encore qu'elle ne fut qu'une pauvre fille faible et malsaine qui de chez soi n'avait que sa petite pension viagère. M. de la Doversière lui dit : " Ne perdez pas de temps, écrivez par cet ordinaire au R. P. St. Just," elle le fit ; et outre cela, elle demanda la même chose à tous ses amis qui tous aussi bien que lui jugèrent que la main de Dieu était visible là dedans. C'est pourquoi ils lui écrivirent qu'elle ne manqua pas d'accepter l'union qu'on lui proposait, que c'était infailliblement Notre Seigneur qui voulait cette liaison ; aussitôt la nouvelle reçue, elle l'apprit à M. de la Doversière qui en eut une joie non pareille, ainsi que MM. de Fauquand et de Maison-Neufve, enfin elle fut reçu par ces trois messieurs au nom de 'la compagnie du Montréal comme un présent que le ciel lui faisait. Mais afin d'adorer avec plus d'attention la conduite de Dieu (maintenant que la voilà dans cette association, aussi bien que M. de Maison-Neufve qui y avait entré quelque temps auparavant) faisons une petite réflexion sur les ressorts que la sagesse et toute puissance de Dieu, fait jouer ici dedans ; admirons un peu comme la providence divine fit venir M. le Baron de Fouquand chez M. de la Doversière lorsqu'elle lui voulut faire commencer cet ouvrage, afin de lui donner l'honneur d'en être participant au moyen des richesses dont elle l'avait pourvu ; admirons comme

cette providence fit rencontrer les messieurs Ollier et de la Doversière dans Paris, et comme elle les éclaira tous deux au même
moment sur le même sujet, leur découvrant mutuellement pour
ces effets les plus intimes de leur cœur, sans qu'ils se parlassent
aucunement, admirons tout ce qu'elle faisait faire d'un côté par
ces dignes ouvriers évangéliques de 1640 à 1641, et comme d'une
part elle connaissait l'esprit de M. de Maison-Neufve et l'obligea
enfin de s'adresser à ce père Charles Lallemand, auquel ces messieurs communiquèrent leur dessein, afin qu'il le lia à eux lorsqu'il en serait temps; admirons ce qu'elle opéra à l'égard de mademoiselle Mance dans Langre, dans son voyage de Langre à Paris ;
voyons ce qui se passa à son égard à Paris, où même jusqu'à Larochelle où l'union se fit ; voyons enfin comme cette providence traça
toutes choses, sans qu'aucuns reçussent des nouvelles les uns des
autres et participant à ses desseins secrets ; admirons, mais plus que
tout autre chose, comme elle voulut que la plus part des entrepreneurs de cet ouvrage fussent sur la conduite des Révérends
pères Jésuites, afin qu'y reconnaissant la volonté de Dieu ils fussent
les premiers arc-boutants de cette entreprise, ce qui était très-considérable pour ne pas dire absolument nécessaire puisque ce
dessein n'eut pas plus tôt vu le jour qu'il ait été mis à néant, s'il
n'eut pas eu le bonheur d'être favorisé de leur approbation ; louons
en tout la providence divine qui s'est montré trop favorable vis à
vis de ces ouvrages pour nous permettre d'appréhender que le ciel
l'abandonne jamais. Mais revenons à Larochelle où tout se pré-
parait à faire voile, lorsque Mlle de Mance s'avisa fort prudemment
de prier M. de la Doversière qu'il lui plut de mettre par écrit le
dessein du Montréal et de lui en délivrer des copies qu'elle put les
envoyer à toutes les dames qui avaient voulu le voir à Paris, entre
autres à madame la Princesse, à madame la Chancelière, à madame
de Villersavin, mais surtout à madame de Bullion de qui elle
espérait d'avantage ; M. de la Doversière estima que rien ne pouvait
être mieux pensé, il dressa le dessein, fit faire des copies qu'il lui
mit en mains, ensuite de quoi elle accompagna chaque copie d'une
lettre et en fit un paquet séparé, après elle lui remit le tout afin de
s'en pouvoir servir selon sa prudence lorsqu'il serait à Paris ; nous
verrons cy après l'utilité qu'on recevra de tous ces écrits, mais en
attendant, il faut parler de l'embarquement qui se fit de la sorte :
M. de Maison-Neufve se mit avec environ 25 hommes dans un vaisseau et Mlle Mance monta dans un autre avec 12 hommes seulement, pour le reste de l'équipage et des hommes du Montréal,
ils s'étaient embarqué à Dieppe ; dans le premier navire était un
prêtre destiné pour les Ursulines, dans l'autre était le père Laplace,

Jésuite ; huit jours après le départ, le vaisseau de Mlle Mance fut séparé de celui de M. Maison-Neufve ; le vaisseau où était Mlle Mance n'expérimenta quasi de la bonasse, celui de M. de Maison-Neufve éprouva de si furieuses tempêtes qu'il fut obligé de relacher par trois fois, il est vrai que son vaisseau faisait beaucoup d'eau et l'obligeait autant à cela que le mauvais temps, dans ses relaches, il perdit trois ou quatre de ses hommes, entre autres son chirurgien qui lui était le plus nécessaire. Mlle Mance arriva fort heureusement à *Kébecq* où d'abord elle eut la consolation de *savoir* que dix hommes qui avaient été envoyés par messieurs de la compagnie du Montréal, cette même année par Dieppe, étaient déjà arrivés et étaient occupés à construire un magasin sur les bords de l'eau, dans un lieu qui avait été donné par M. de Montmagny [1] pour la compagnie du Montréal. D'ailleurs elle fut dans une grande inquiétude au sujet de M. de Maison-Neufve dont elle ne recevait aucune nouvelle et qu'à Kébecq on croyait communément ne pas devoir atteindre cette année là, de quoi quelques-uns surpris pour n'avoir pas eu la conduite de cet ouvrage comme ils le croyaient, ne paraissaient pas du tout fâchés, ils se plaignaient fort du grand pouvoir qui avaient été donné à M. de Maison-Neufve, ce qui donna lieu aux premières attaques dont cette entreprise a été éprouvée ; ces personnes sachant que Mlle Mance était très-nécessaire au dessein, on l'a voulut détourner par toutes les voies possibles ; mais elle avait trop de courage pour y consentir, et au reste Dieu s'étant déjà trop déclaré pour ce lieu, il n'avait garde de souffrir qu'on l'abandonna ; enfin M. de Maison-Neufve arriva à Tadoussac ; il y trouva par hazard un de ses intimes, M. de Courpron, qui était amiral de la flotte du Canada ; il lui dit son désastre pour la perte de son chirurgien ; de Courpron lui offrit le sien en la place, ce chirurgien sachant la chose se présenta gaiement et fit descendre son coffre dans la chaloupe de M. de Maison Neufve avec lequel tout soudain il alla à Kébecq, où ils arrivèrent le vingtième d'août. Aussitôt que M. de Maison-Neufve y fut, il apprit par Mlle Mance qu'il devait se disposer à être moins bien reçu de certaines personnes qu'il ne se promettait pas, ce qu'il vit bientôt après ; la vive affliction qu'ils ressentirent tous les deux modéra un peu la joie qu'ils avaient l'un et l'autre de se voir, malgré toutes les oppositions et bourrasques de la mer dans ce lieu tant désiré ; mais enfin comme les meilleurs chrétiens sont généralement ceux auxquels Jésus Christ fait ordinairement le plus de part des amertumes de

---

1 Charles Huant de Montmagny, second gouverneur-général du Canada et successeur de Champlain de 1636 au 20 août 1648 qui fut remplacé par M. Louis D'Aillebout de Coulonges, ex-gouverneur de Montréal.

2

son calice, surtout quand il est question de quelque illustre entreprise pour le ciel, il ne faut pas s'étonner s'il commença de faire
avaler quelque portion d'absinthe à ses héroïques entrepreneurs ;
pour lors, ils ne furent pas longtemps ensemble, d'autant qu'il fallut
que M. de Maisson-Neufve alla saluer M. de Montmagny, gouverneur
de ce pays, ensuite de quoi il alla voir les Révérends pères Jésuites
et les autres personnes de mérite, lesquelles ne pouvaient pas être
lors en grand nombre, vu que le pays ne contenait pas plus de
cent Européens y renfermant les deux sexes, comme aussi les
religieux et religieuses. Or sur le sujet de cette visite, je crois
qu'il est à propos de remarquer que ces personnes moins bien
intentionées sur le sujet que nous venons de parler, persuadèrent
à M. de Montmagny qu'il s'opposa à l'établissement du Montréal à
cause de la guerre des Iroquois, lui disant que jamais cet ouvrage
ne se pouvait soutenir contre leurs incursions, ajoutant que le
dessein de cette nouvelle compagnie était si absurde, qu'il ne
pouvait pas mieux se nommer que la Folle entreprise, nom qui
leur fut donné avec plusieurs autres semblables, afin que la postérité put reconnaître que cette pieuse folie était devant Dieu et
entre les mains du Tout Puissant accompagné d'une sagesse plus
sublime que tout ce qui peut provenir de l'esprit humain. M. de
Montmagny ayant donc l'esprit prévenu de la sorte, dit à Monsieur
de Maison-Neufve dans sa première visite : " Vous savez que la
guerre a recommencé avec les Iroquois ; ils nous l'ont déclaré au
lac St. Pierre le mois dernier, qu'ils y ont rompu la paix d'une
façon qui les fait voir plus animés que jamais, il n'y a pas d'apparence que vous songiez à vous mettre dans un lieu si éloigné, il
faut changer de délibération, si vous voulez on vous donnera l'Isle
d'Orléans, au reste la saison est trop avancée pour monter jusqu'à
l'Isle du Montréal quand vous en auriez la pensée." A ces paroles
M. de Maison-Neufve répondit en homme de cœur et de métier :
" Monsieur, ce que vous me dites serait bon si on m'avait envoyé
pour délibérer et choisir un poste ; mais ayant été déterminé par
la compagnie qui m'envoie que j'irais au Montréal, il est de mon
honneur, et vous trouverez bon que j'y monte pour commencer
une colonie, quand tous les arbres de cet Isle se devraient changer
en autant d'Iroquois ; quand à la saison puisqu'elle est trop tardive,
vous agréez que je me contente avant l'hiver d'aller reconnaître le
poste avec les plus lestes de mes gens, afin de voir où je me pourrai
camper avec tout mon monde le printemps prochain. " M. de Montmagny fut tellement gagné par ce discours autant généreux que
prudent, qu'au lieu de s'opposer comme on souhaitait à l'exécution
de son dessein, il voulut lui-même conduire M. de Maison-Neufve

au Montréal, afin de le mettre en possession et de reconnaître le poste avec lui. En effet ils partirent tous les deux au commencement d'octobre et arrivèrent au Montréal le quatorzième du même mois, dans le lieu où est maintenant cette maison qu'on appelle le Château. Le lendemain, qui est le jour de la Ste. Thérèse, ils firent les cérémonies de la prise de la possession, au nom de la compagnie du Montréal ; ayant parachevé cet acte, ils s'embarquèrent pour leur retour qui ne fut pas sans des marques toutes particulières de la bienveillance de notre seigneur ; car ayant descendu jusqu'à Ste. Foy, à une journée de Québec, [1] où demeurait un honnête homme nommé M. de Pizeaux, lequel était âgé de 75 ans ; ce bon vieillard tout zélé pour le pays dans lequel il avait fait de bien fortes dépenses interrogea monsieur de Maison-Neufve fort au long, touchant les desseins qu'on avait pour le Montréal, de quoi étant pleinement instruit, il demeura si satisfait qu'il le pressa fortement de le vouloir associer à sa compagnie pour cette entreprise, en faveur de laquelle il protesta devoir consacrer lui-même et donner sur l'heure sa maison de Ste. Foy avec celle de Puizeaux qui était près de Kébecq ; et généralement tout ce qu'il avait de meubles et de bestiaux ; qu'à Ste. Foy durant l'hiver, comme ce lieu est abondant en chênes, on y ferait des barques pendant qu'à Puizeaux on y ferait de la menuiserie et tout ce qui serait nécessaire et que le printemps étant venu, on mettrait toutes choses dans les bâtiments qu'on avait fait pour monter au Montréal, afin de s'y établir ; monsieur de Maison-Neufve qui ne savait où mettre tout son monde hiverner, ni ce à quoi il le pourrait employer jusqu'à la navigation suivante, écoutait ce discours comme si c'eut été une voix céleste ; il ne se pouvait passer d'en louer mille fois son Dieu au plus intime de son cœur, il ne se lassait point d'admirer la facilité de cet homme lequel en ce moment se trouvait disposé à quitter ce qui lui avait tant coûté, non-seulement de travail, mais en son propre bien, étant vrai ce qu'il offrait lui avait coûté plus de 100,000 livres de dépenses. Néanmoins, comme M. de Maison-Neufve voulait entièrement déférer à la compagnie du Montréal, il lui dit qu'il avait un sensible regret de ne pouvoir accepter absolument une offre aussi généreuse que la sienne, sans avoir l'agrément de ceux dont il avait l'honneur d'être associé, que cependant comme ils pouvaient s'en promettre que toutes sortes de satisfaction, il le recevrait volontiers s'il l'avait pour agréable,

---

1 M. Dollier appelant lui-même Ste. Foy (et cela de 1672) la mission Huronne établie au lieu susdit par les Jésuites en 1668 sous le nom de N. D. de Foy, fait voir que les colons Français, dès l'origine de cette mission, etaient dans l'habitude de l'appeler Ste. Foy et non N. D. de Foy.

sans le bon plaisir de ces messieurs et à condition qu'ils le vou-
lussent bien. Cela dit M. de Puizeaux, qui était trop pressé au
dedans de soi-même pour reculer, accepta le tout d'un grand cœur ;
d'abord il livra sa maison de Ste. Foy à M. de Maison-Neufve, qui
laissa dedans son chirurgien et son charpentier afin d'y construire
des barques; cela fait ils descendirent à Puizeaux où ce bon monsieur lui remit cette maison, qui lors étant le bijou du pays, il se
démit de tout ses meubles et bestiaux entre ses mains, se réservant
pas même une chambre pour un ami, il se dénua si absolument de
tout qu'il dit à feue Madame de la Pelletrie, à laquelle il fournissait
le logement auparavant : " Madame ce n'est plus moi qui vous
loge car je n'ai plus rien ici, c'est à M. de Maison-Neufve à qui vous
en avez présentement l'obligation, car il est le maître de tout."
Chose admirable, M. de Maison-Neufve ne savait que devenir et le
voilà bien placé, il faut avouer que le proviseur universel de ce
monde a bien trouvé des lieux propres, pour mettre ses serviteurs
quand sa sagesse le trouve à propos. Je ne vous dis point si M. de
Maisonneufve donna fidèlement les avis de tout ceci à ses associés,
s'il les avertit soigneusement de ce coup de la Providence et de
l'obligation qu'on avait de recevoir M. de Puizeaux avec tous les
témoignages nécessaires de bienveillance, d'autant vous pouvez
bien juger qu'il n'y manqua pas, et qu'aussitôt ces messieurs admi-
rent ce donné du ciel en leur compagnie avec toutes les reconnaissances et gratitudes imaginables.

DEPUIS LE DÉPART DES VAISSEAUX DU CANADA POUR LA FRANCE, DANS
L'AUTOMNE DE L'ANNÉE 1641, JUSQU'A LEUR DÉPART DU MÊME LIEU
POUR LA FRANCE, DANS L'AUTOMNE DE L'ANNÉE 1642.

Mademoiselle Mance eut l'honneur de loger pendant cet hiver à
Puizeaux avec Mademoiselle de la Pelletrie ; M.de Maisonneuve et M.
de Puizeaux hivernèrent aussi dans la même maison. Ils employèrent
tout le monde pendant ce temps-là à la menuiserie et aux autres
préparatifs nécessaires et utiles à une nouvelle habitation et colonie. Aussitôt que le printemps fut venu et que tout fut préparé, on
fit descendre les batiments qu'on avait fait pendant l'hiver, à Ste.
Foy et on travailla à l'embarquement avec une telle diligence que
M. de Maison-Neufve partit de Pizeaux le 8 mai avec deux bargues,
une belle pinasse et une gabarre, partie desquels batiments avait
été faite à Ste. Foy ; M. le chevalier de Montmagny étant un véritable homme de cœur et qui n'avait d'autres intérêts que ceux de
son roi et du pays où il avait l'honneur de commander, sachant

que tout était disposé, voulut participer à ce premier établissement
en l'honneur de sa présence, c'est pourquoi il monta dans une
bargue et conduisit lui-même toute cette flotte au Montréal où on
mouilla le 18 mai de la présente année ; ce même jour on arriva
de grand matin, on célébra la première messe qui ait jamais été
dite dans cette île, ce qui se fit dans le lieu où depuis on a fait le
château. afin de faire la base plus célèbre, on donna le loisir à Mme
de la Pelletrie et à Mlle. Mance d'y préparer un autel, ce qu'ils firent
avec une joie difficile à exprimer et avec la plus grande propreté
qu'il leur fut possible, elles ne se pouvait passer de bénir le ciel
qui en ce jour leur était si favorable que de les choisir et de consacrer leurs mains à l'élévation du premier autel de la colonie ; tout
le premier jour on tint le St. Sacrement exposé, et ce ne fut pas
sans raison, car si Dieu n'avait mis ses fidèles serviteurs à cette
entreprise qu'afin de le faire reconnaître en ce lieu où jusqu'alors
il n'avait reçu aucun hommage, il était bien juste qu'il se fît tenir,
la première journée, exposé sur son autel comme sur son trône,
afin de remplir ses saintes vues et désirs de ses serviteurs ; en effet
cela était bon afin de faire connaître à la postérité qu'il n'avait
établi cette colonie que pour recevoir des sacrifices et des hommages en ce lieu, que c'était la son unique dessein et celui de ses
serviteurs ; qu'ils avaient employé tout exprès, leur bourse, leur
soin et tout leur crédit. Il était juste qu'il se fît aussi tenir ce
premier jour exposé pour prendre possession de cette terre par les
honneurs souverains qui lui furent rendus et afin de faire voir
que ce lieu était un lieu de réserve pour lui, qu'il ne voulait pas
qu'il fut profané des âmes ravalées et indignes de la grandeur de
ses desseins, lesquels n'étaient pas communs comme le fit bien voir
le R. Père Vimond dans la prédication qu'il fit ce matin là pendant
la grande messe qu'il y célébra : " Voyez-vous, messieurs, dit-il, ce
que vous voyez n'est qu'un grain de moutarde, mais il est jeté par
des mains si pieuses et animées de l'esprit de la foi et de la religion
que sans doute il faut que le ciele est de grands desseins puisqu'il
se sert de tels ouvriers, et je ne fais aucun doute que ce petit grain
ne produise un grand arbre, ne fasse un jour des merveiles, ne
soit multiplié et ne s'étende de toutes parts : " comme s'il eut voulu
dire, le ciele ne commence son ouvrage présentement que par une
quarantaine d'hommes, mais sachez qu'il a bien d'autres desseins
vers les personnes qu'il emploie pour le faire réussire, sachez que
vos cœurs ne sont pas suffisants pour annoncer ici les louanges
qu'il y prétend recevoir, mais qu'il les multipliera, remplissant de
peuples toute l'étendue de ces lieux dont maintenent nous prenons
possession de sa part en lui offrant ce sacrifice. Toute cette journée

s'écoula en dévotions, actions de grace et hymne de louange au créateur, on avait point de lampes ardentes devant le St. Sacrement, mais on avait certaines mouches brillantes qui y luisaient fort agréablement jour et nuit étant suspendues par des filets d'une façon admirable et belle, et toute propre à honorer selon la rusticité de ce pays barbare, le plus adorable de nos mystères.

Le lendemain, après toute cette cérémonie finie, on commença d'ordonner toutes choses à l'égard du poste où on était ; chacun d'abord se campa sous des tantes, ainsi qu'en Europe lorsqu'on est à l'armée, ensuite on coupa des pieux avec diligence et on fit d'autres traveaux afin de l'environner et de s'assurer contre les surprises et insultes qu'on avait à craindre de la part des Iroquois. Il est vrai que cette espèce de fortification précipitée était d'autant plus facile que M. de Champlain étant autrefois venu en traite, avait fait abattre beaucoup d'arbres pour se chauffer et se garantir des embuscades qu'on lui eut pu faire dans le peu de temps qu'il y demeurait ; de plus ce poste était naturellement très avantageux parce qu'il était enfermé entre le fleuve de St. Sacrement et une petite rivière qui s'y décharge, laquelle était bordée d'une prairie fort agréable qu'on appelle la *Commune*, et que de l'autre côté, où ni la rivière ni le fleuve ne passent, il y avait une terre marécageuse et inaccessible que depuis on a désséché et dont a fait le *domaine des Seigneurs*, ce qui fait assez voir l'avantage du poste ; au reste, il y avait pour lors dans la prairie dont nous venons de parler, tant d'oiseaux de différents ramages et couleurs qu'ils étaient fort propres à apprivoiser nos Français dans ce pays sauvage. Si nous regardons la commodité du commerce, comme ce lieu est le plus avancé où les bargues puissent monter, il n'y a pas de doute que ce lieu soit un des meilleurs du pays pour accomoder les habitants par le moyen du négoce qu'ils y peuvent faire par le moyen des sauvages qui y descendent en canots, de toutes les nations supérieures. Monsieur le chevalier de Montmagny ayant demeuré en ce lieu jusqu'à ce qu'il fut tout entouré de pieux, il quitta par après M. de Maison-Neufve et s'en retourna à Kébecq. Quant à Mme. de la Pelletrie et M. de Puizeaux, ils demeurèrent au Montréal à la consolation d'un chacun ; pendant l'été on s'employa à faire venir ce qu'on avait laissé à Pizeaux et ailleurs ; ce qui obligea M. de Maison-Neufve à voir continuellement une partie de son monde occupé à la navigation ; et le réduisit à n'avoir que 20 soldats avec lui, d'autant que outre ceux qu'il avait sur ses bargues, il en avait encore d'autres à Québec qui travaillaient au parachévement du magasin que nous avons dit. Il est vraï que Dieu favorisa beaucoup ces nouveaux colons de ne les point faire si tôt découvrir des Iroquois et de leur donner le loisir de respirer un peu à l'ombre de ces arbres dont la prairie voisine était bordée ; où les chants et la vue des petits oiseaux et des fleurs champêtres les aidaient à attendre avec patience l'arrivée des navires dont enfin ils eurent des heureuses nouvelles par M. d'Arpentigny, qui voulut lui-même en être le porteur, tant il les trouva avantageuses ; aussi ne pouvaient-elles pas être meilleures ; il leur apprit que Messieurs les associés de cette Isle s'étaient tous offerts à Dieu par les mains de la Ste. Vierge, le jour de la présentation dans l'église de Notre-Dame de Paris, y présentant leurs vœux et desseins pour le Montréal et qu'ensuite pour marquer leur bonne volonté par les effets, ils avaient donné 40,000 livres pour l'embarquement dernier, lesquelles 40,000 livres avaient été mises en diverses denrées dont il apportait une quantité dans sa bargue, en laquelle il avait une douzaine de bons hommes que ces messieurs avaient engagés, entr'autres un fort habile charpentier dont il leur fit grand récit. Cet homme est encore ici où Dieu lui a donné une famille nombreuse ; au reste, quoiqu'on lui ait donné le nom de *Minime* qui est le plus ravalé chez tous les Tutens, il n'était pas toutefois le moindre dans les combats non plus que dans sa profession ; nous devons l'aveu de ces vérités à son courage et aux services qu'il a rendu en cette Isle, laquelle est presque toute bâtie de ses maisons ou par ceux qu'il a enseigné ; Monsieur de la Doversière qui a été toujours le procureur de la compagnie, lequel le connaissait bien, afin de le gagner et de le gratifier lui donna la conduite de plusieurs pièces de canon qu'il amena en ces lieux ; si toutes ces bonnes nouvelles réjouirent grandement un chacun de ceux qui étaient au Montréal, M. de Maison-Neufve et Mlle Mance, reçurent encore une joie bien plus grande que tous les autres, lorsqu'en lisant les lettres de France, ils apprirent que leur compagnie s'était tellement accrue depuis qu'on avait eu du dessein du Montréal par le moyen des copies qu'on avait distribué, selon la convention qu'en avait été faite entre M. de la Doversière et Mlle Mance, un an auparavant à Larochelle, comme nous avons dit que le nombre des associés se montait à 45 personnes toutes fort qualifiées, entre lesquels étaient entre autres parmis les hommes : Monsieur le duc de Liancourt, l'abbé Bareaux, de Monmor, de la Marguerye, Goffre, de Renty, Bardin, Morangy, de Chaudebonne, Duplessis, Mombar, de St. Fremin, de Fancan, de la Doversière, Duval, les deux frères MM. Le Prêtre, comme aussi du Séminaire de St. Sulpice, feu M. Ollier, M. de Bretonveilliers, M. l'abbé de Kélus et autres ; parmis les femmes, Madame la Chancelière, Mesdames de Villersavin, Seguin et plusieurs autres, entre lesquels je comprends madame de Bullion

qui au ciel tiendra un des premiers rangs dans cet ouvrage et avec
d'autant plus de raison que n'ayant pas voulu être connue dans les
biens qu'elle a faite elle en a laissé toute la gloire à son Dieu, elle
a voulu être des premières de la compagnie quant aux distribu-
tions, mais quand au nom, il n'en fallait pas parler ; elle lui adver-
sait son bien, l'en suppliait d'en avoir l'économie et le soin, mais
pour savoir comment s'appelait cette main libérale, il n'y avait pas
d'apparence ; pour s'unir à la compagnie afin de faire ici une
dépense de cinquante ou soixante mille écus, tant dans un hôpital
qu'autre chose, on la pouvait rencontrer, mais quant à la connaître,
c'était impossible, on ne pouvait savoir la main d'où sortaient ces
larges aumônes et charitables profusions, et si ceux par qui elle
les donnait avait autant apprendé son tombeau qu'ils ont craint
de la développer pendant son vivant, nous serions aujourd'hui en
la même difficulté de la connaître ; que si sa mort leur a donné la
liberté de nous apprendre ses merveilles, nous prendrons celle de
la prôner ; ce que nous ferons néanmoins avec une telle vénération à ses ordres, que nous ne la nommerons que notre illustre
associée, ou notre charitable inconnue, ou bien la pieuse fondatrice
du Montréal ; ainsi nous taisons son nom puisqu'elle la voulu,
mais en le taisant, nous satisfaisons au public en le faisant connaître
par ses trois belles qualités qu'elle mérite très justement, ainsi que
les années suivantes nous le prouveront fort bien.

DEPUIS LE DÉPART DES VAISSEAUX DU CANADA POUR LA FRANCE DANS
L'AUTOMNE DE L'ANNÉE 1642 JUSQU'A LEUR DÉPART DU MÊME LIEU
POUR LA FRANCE DANS L'AUTOMNE DE L'ANNÉE 1643.

La providence ayant pourvu M. de Maison-Neufve de forts bons
ouvriers et l'ayant tenu caché aux ennemis pendant les premiers
temps, il faisait travailler avec un telle diligence qu'on s'étonait
tous les jours de ce qu'on l'on voyait fait de nouveau. Enfin le
19 mars, jour de St. Joseph, patron général du pays, la charpente
du principal bâtiment étant levée, on mit le canon dessus, afin
d'honorer la fête au bruit de l'artillerie, ce qui se fit avec bien de
la joie ; chacun espérant de voir par après bientôt tous les loge-
ments préparés, et en effet de jours en jours on quittait les
méchantes cabanes que l'on avait faites pour entrer dans des
maisons fort commodes que l'on achevait incessamment. Quand aux
Iroquois, on en voyait aucun pendant ce temps là ; il est vrai qu'un
petit parti des leurs nous découvrit à la fin, mais ce fut par un
hazard et encore nous n'en sûmes rien ; ce qui arriva de la sorte, dix

Algonquins ayant tué un Iroquois dans son pays, furent poursuivis de ses camarades jusqu'à la vue de ce fort où ils les aperçut se sauver sans pour cela se faire connaître aux Français non plus qu'aux Algonquins ; ils se contentèrent de remarquer le lieu sans faire aucun bruit afin d'aller porter ces nouvelles chez eux ; c'est ce que leurs gens eux-mêmes nous ont appris depuis, car personne ne savait rien de cette poursuite, que si les Algonquins fuyaient fort vite, ils ne savaient pas pour cela qui étaient à leur poursuite ; c'est la frayeur qui leur donnait cette allure qui est fort ordinaire aux sauvages quand ils ont fait quelques coups, alors leur nombre suffit souvent pour les effrayer et faire fuire ; que si les Iroquois ne venaient pas ici, plusieurs sauvages y arrivaient de toutes parts ; ce lieu étant remarqué par eux pour l'azile commun contre les Iroquois, même il y en eut plusieurs qui y reçurent le St. Baptème, entre autres le célèbre et le plus fameux de tous les Algonquins nommé *le Borgne de l'Isle ;* mais passons vite et arrivons au mois de juin afin d'avoir les prémices du sang que le Montréal a versé pour la querelle commune du pays. Du commencement du mois dont nous parlons, les Hurons en descendant de chez eux trouvèrent les Iroquois à trois lieues d'ici dans un endroit vulgairement *la Chine,* là où ils suivirent ensemble comme ils eussent été les meilleurs amis du monde, ce qui donna un moyen facile aux Hurons de satisfaire leur inclination fort portée à la trahison ; cela se fit de la sorte : en causant familièrement ils leur dirent : " Nous avons scû jusque dans notre pays que des Français se sont venus placer à cette île immédiatement au dessous de ce sault, allez les voir ; vous y pourrez faire quelque considérable coup et vous défaire d'une bonne partie, vu le nombre que vous êtes : " Après le conseil de ces perfides, quarante Iroquois des plus lestes vinrent surprendre six de nos hommes, tant charpentiers que scieurs de bois, sans qu'il y en eut aucuns qui s'échappa de leurs mains, tous furent tués ou bien faits prisonniers. Ces pauvres gens voulurent bien se défendre en cette occasion, mais leur valeur ne put prévaloir à un coup si imprévu ; on ne put les secourir car la chose fut exécutée trop promptement et qu'étant un peu en avant dans le bois, le vent peu favorable empêcha d'entendre ce qui se passait, mais enfin ce monde ne revenant pas, on les alla chercher sur les lieux, où on trouva le corps de ceux qui avaient été tués, lesquels firent juger de tout ce qui était survenu. Le lendemain on apprit les choses plus sûrement par les Hurons, que les Iroquois traitèrent selon leur mérite, car ayant passé toute la nuit à insulter les Français que les Iroquois avaient emmenés prisonniers, le matin accablés de sommeil, ils s'endormirent profondément, proche-

de ces ennemis du genre humain dont ils furent presque tous
taillés en pièces, parmi environ une trentaine qui reçurent ici un
azile au lieu de la mort qui leur était bien due ; cette juste punition
exécutée, ceux qui avaient été les bourreaux, embarquèrent les
Castors de ces perfides, ils mirent ensuite nos Français dans les
canots, ils traversèrent le fleuve et après voulant aller par terre,
et couper dans les bois jusqu'à Chambly, ils furent contraints d'abandonner une partie de leurs Castors à cause de la pesanteur. Ayant
donc abandonné ce qu'ils ne pouvaient porter et ayant coupé
leurs canots à coup de hache afin de les rendre inutiles, comme ils
font toujours dans de semblables occasions, ils allèrent droit au
lieu que nous avons marqué, y étant arrivés, ils crurent que
quatre où cinq lieues de bois dépisteraient assez nos pauvres
Français et qu'il n'était pas besoin de les garder désormais si étroi-
tement, mais ils se trompèrent, car un d'eux s'échappa et se sauva
si heureusement, qu'il revint droit aux canots qu'ils avaient laissés,
où choisissant le meilleur, il remplit d'herbes les trous que l'on
avait faits avec la hache, ensuite il y mit plusieurs robes de Castor
et s'en vint ainsi équipé au Montréal tout au travers du fleuve,
ce qui surprit agréablement M. de Maison-Neufve qui fut bien
heureux que celui la fut du moins échappé des tourments Iroquois.

Cet homme raconta toute son infortune, après quoi il dit qu'il y
avait bien du castor, dans le lieu où il avait pris celui qu'il avait
amené dans son canot, qu'on le pouvait aller chercher sans crainte
et qu'il serait perdu si on y allait pas ; M. de Maison-Neufve en
l'entendant parler de la sorte, encore qu'il ne voulait rien pour lui,
fut bien aise de donner ce butin à ces soldats, si bien qu'il l'envoya
et le leur distribua sans en rien retenir ; c'est une chose admirable
combien cet homme a toujours aimé ceux qu'il a commandés et
combien il ne s'est pas considéré lui-même. Voilà à peu près comme
les choses se sont passées cette année jusqu'à l'arrivée des vaisseaux
de France, dont on eut ici les premières nouvelles par M. de Montmagny qui arriva au commencement de juillet, comblant tout le
monde d'une joie bien singulière, tant pour les secours qui nous
venaient de France, que pour les témoignages qu'il assura que le
roi donnait de sa bienveillance à la compagnie de Montréal, pour
laquelle il avait pris la peine de lui écrire, afin qu'il la favorisa en
ses desseins, louant et approuvant les dépenses pour y construire
un fort,—lui donnant le pouvoir de la munir de canons et autres
choses nécessaires pour la guerre ; disant de plus que sa majesté
pour une marque plus authentique de la sincérité de ses affections
l'avait gratifié d'un beau navire de trois cent cinquante—qu'il
s'appelait : " *Le Notre-Dame.*" On apprit encore de M. de Montagny

qu'on espérait de grands effets cette année là de la part de la compagnie du Montréal, laquelle avait fait de la dépense considérable ; ce qu'il ne peut dire qu'en général ; outre cela, il dit qu'un gentilhomme de Champagne nommé M. d'Aillebout venait ici avec sa sœur et la sœur de sa femme ; de plus, il apprit qu'on avait fait une fondation pour un hôpital au Montréal, mais que pour avoir le détail du tout, il fallait patienter jusqu'au mois de septembre que M. d'Aillebout arriva ; ce qu'il ne fit pas sans de grandes difficultés, car encore qu'il partit, il fallait l'aller quérir dans sa barque à cause des embûches, et lui n'osait non plus approcher pour le même sujet : Il fallut que M. de Maison-Neufve y alla lui-même, encore eurent ils bien peur des ennemis en revenant, tant il est vrai que hors le seuil de sa porte on était pas en assurance. Pour lors M. d'Aillebout étant à terre et un peu rafraichi, il commença à communiquer ses nouvelles, entre autres, il apprit que notre illustre associée faisait des merveilles, que pour être inconnue elle ne laissait pas de bien faire parler d'elles, —que cette année même elle avait fait une fondation de trois mille livres de rente pour un hôpital en ce lieu,—que outre cela, elle avait donné douze mille livres, tant pour le bâtir que pour le fournir de meubles,—de plus elle envoyait deux mille livres à Mlle Mance pour les employer à sa dévotion, qu'elle faisait secrètement ses libéralités entre les mains de la compagnie du Montréal sans dire son nom et sans qu'on put savoir qui elle était. Il dit ensuite et fit voir par effets que chacun des associés avait taché de se saigner charitablement et généreusement pour la réussite de ce nouvel ouvrage qui était déjà le théâtre des guerres de ce pays ; que si ce lieu était affligé des incursions Iroquoises, à mesure aussi il était consolé de la conversion de plusieurs autres sauvages, qui se jettant ici comme dans un azile avaient recours au baptême afin de se préparer à la mort qui les attendait comme infaillible dans la multitude des sorties qu'ils étaient obligés de faire pour aller chercher des vivres. Il est bien vrai qu'ils y allaient le plus rarement qu'ils pouvaient, mais enfin, ils étaient trop pour qu'on put subvenir entièrement à leur nourriture, c'est pourquoi il fallait souvent sortir. Dès le commencement de cette habitation, on avait bien semé quelque peu de pois et de blé d'inde et on continuait fort cette agriculture tous les ans, mais cela n'était rien à tant de gens, ils consommaient outre cela beaucoup de vivres qui venaient de la France, encore cela n'était-il pas suffisant ; il est difficile d'exprimer la tendresse que M. de Maison-Neufve avait pour ces pauvres malheureux, les libéralités qu'il leur fit, et combien le tout coûta à la compagnie pendant cette première année que les choses étaient si chères ; mais enfin sa piété ne se rébutait de rien. Au reste cette année nous avons un exemple fort rare de sa générosité, non point en la personne des sauvages, mais en celle de M. Pizeaux, lequel se trouvant attaqué de paralysie et ayant le cerveau débilité par la vieillesse, commença de témoigner qu'il était bien aise de revoir les choses dont il s'était démis afin d'aller en France chercher la guérison. Vous voyez, la demande était considérable, d'autant qu'il avait donné beaucoup, sans doute que cette demande eut surpris tout autre que M. de Maison-Neufve, voyez un peu comme il lui répondit : " Monsieur lui dit-il, nous n'avons rien fait par l'intérêt, tout est encore à vous vous en pouvez être assuré, je vous baillerai ce qu'il vous faudra ici, et je vous addresserez à MM. de la Compagnie en France, lesquels reconnaîtront largement les biens que vous nous avez faits." Ce qui fut promis fut généreusement exécuté, ici on lui tint compte généralement de tout, et en France MM. de la Compagnie le firent très bien soigner. Ils en eurent la même sollicitude que s'il dut être leur propre frère ; ils ne l'abandonnèrent point jusqu'au tombeau de quoi il avait bien besoin, car il avait alors septante sept ans où septante huit ans et avait passé cette longue vie dans les fatigues incroyables, tant à la Nouvelle-Espagne où il avait amasse son bien, qu'en la Nouvelle-France où il l'avait dépensé.—Que s'il a tant consommé de bien ici, il ne faut pas s'en ettonner ; d'autant que faisant d'aussi grandes entreprises qu'il a faites, il n'y pouvait pas manquer, à cause que tout coutait pour lors exorbitement et que l'on avait aucun secours du pays tant pour les vivres que pour se vêtir. La perte de M. de Pizeaux, ne fut pas l'unique perte de Montréal pour cette année là, car Mmde de la Pelletrie voyant que Mlle Mance avait alors un secours assez considérable de son sexe, elle descendit à Kébecq et l'enrichit de la perte que faisait ce lieu-ci, etant privé d'une personne d'aussi grand mérite et d'aussi rare exemple qu'elle a toujours été partout.

DE L'AUTOMNE DE 1643 A L'AUTOMNE DE 1644.

Les dépêches de France étant parties, on commença à arracher les petits pieux qui environnaient le fort et à mesure on le revêtit de beaux bastions que traça M. d'Aillebout, auquel M. de Maison-Neufve laissa la conduite de cette entreprise, MM. de la compagnie lui ayant mandé qu'il était fort intelligent en ce fait, aussi y réussit-il très-bien ainsi qu'on l'a vu depuis. Enfin nos Français se lassèrent de se voir insultés tous les jours par les Iroquois, ne pouvant continuellement souffrir de leurs alarmes sans les aller chèrchèr, ils importunaient tellement M. de Maison-Neufve pour aller en .partie, disant qu'il n'y avait aucune apparence à s'entendre fusiller chaque jour et de demeurer néanmoins dans la modération et de ne les oser poursuivre jusqu'à la portée du fusil des bois ; M. de Maison-Neufve leur disait de son côté : " Les poursuivant comme vous le souhaitez, nous ne sommes qu'une poignée de monde peu expérimentés au bois, nous serons surpris dans une embuscade là où il y aura vingt Iroquois contre un Français ; au reste, prenez patience, quand Dieu nous aura donné du monde, nous risquerons ces coups, mais maintenant, ce serait imprudement hazarder la perte de tout à une seule fois, ce qui serait mal ménager l'ouvrage dont j'ai la conduite." Tout cela ne servait de rien à nos bouillants Français sinon à faire croire que M. de Maison-Neufve appréhendait de s'exposer ; de quoi on commença à murmurer au fort, que cela étant venu à sa connaissance, il crut qu'il valait mieux hazarder imprudemment une bonne fois, que de les laisser dans cette croyance qui nuirait à jamais et serait capable de tout perdre. Résolu donc à la chose, voici ce qui arriva : Le trentième jour de mars, les chiens qui tous les matins faisaient une grande ronde pour découvrir les ennemis, sous la conduite d'une chienne nommée Pilotte, laquelle pillait fortement à son retour ceux qui avaient manqué à la compagnie, se mirent à crier et hurler de toutes leurs forces, faisant face du côté où ils sentaient les ennemis. Or, comme l'expérience journalière avait fait connaître à tout le monde cet instinct naturel que Dieu donnait lors à ces animaux pour nous garantir de mille embuscades que les barbares faisaient partout, sans qu'il fut possible de s'en parer, si Dieu n'y avait pourvu par les hurlements favorables : d'abord que nos gens les entendaient, soudain, pleins de feu, ils accouraient suivant la coutume, vers M.de Maison-Neufve, lui disant, "Monsieur: les ennemis sont dans le bois, d'un tel côté, ne les irons nous jamais voir ? à quoi il repartit brusquement contre son ordinaire : oui, vous les verrez, qu'on se prépare tout à l'heure à marcher, mais qu'on soit aussi brave qu'on le promet ; je serai à votre tête ;"

D'abord un chacun se disposa, mais comme on avait que très peu de raquettes et que les neiges étaient encore hautes, on ne pouvait pas bien s'équiper, mais enfin ayant mis son monde dans le meilleur ordre qu'il put, il marcha avec trente hommes vers les ennemis, laissant le château et toutes autres choses entre les mains de d'Aillebout, auquel il donna ses ordres en cas d'évènements ; étant entré dans le bois quasi aussitôt après, ils furent chargés par 200 Iroquois qui, les ayant vu venir s'étaient mis dans plusieurs embuscades propres à les bien recevoir. Le combat fut fort chaud.

Incontinent que M. de Maison-Neufve se vit attaqué, il plaça ses gens derrière les arbres ainsi que faisaient les ennemis, et lors on commença à tirer à qui mieux mieux, ce qui dura si longtemps que la munition des nôtres manqua ; ce qui obligea M. de Maison-Neufve, lequel d'ailleurs était accablé par le grand nombre d'ennemis et qui avait la plus part de ses gens morts ou blessés de penser à la retraite comme à l'unique moyen de se sauver, lui et son monde, ce qui était bien difficile à faire à cause de ce que nous étions beaucoup engagés et que les autres étaient si bien montés en raquette qu'à peine étions-nous de l'infanterie au respect de la cavalerie ; quoiqu'il en fut, n'y ayant pas d'autres parties à choisir, il commanda qu'on se retira, mais tout bellement, faisant face de temps en temps vers l'ennemi, allant toujours vers un certain chemin de traîne par lequel on emmenait le bois pour construire l'hôpital, à cause qu'il était dur et que leurs raquettes ne leur serait pas nécessaires en ce lieu là pour bien aller ; chacun exécuta cet ordre, mais à la vérité, plus précipitamment qu'il n'était porté. Monsieur de Maison-Neufve voulant être le dernier en cette rencontre, il attendait que les blessés fussent passés avant de marcher ; quand on fut arrivé à ce chemin de traîne qui fut notre sentier de salut, nos Français effrayés s'enfuirent de toutes leurs forces et laissèrent M. de Maison Neufve fort loin derrière eux ; lui de temps en temps, faisant face avec ses deux pistolets, crainte d'être saisi de ces barbares qui étaient toujours sur le point de le faire prisonnier. Ils ne le voulaient pas tuer, parce que le reconnaissant pour le gouverneur, ils voulurent en faire la victime de leur cruauté, mais Dieu l'en garantit et cela de la façon que je vais dire : les Iroquois ayant déféré à leur commandant cette capture, ils le laissèrent aller un peu devant eux, afin qu'il eut l'honneur de le prendre, mais celui qui voulait prendre fut pris, car M. le Gouverneur s'en trouvant si importuné qu'il l'avait toujours sur les épaules, il se mit en devoir de tirer, ce que ce sauvage voyant, il se baissa pour éviter le coup. M. le Gouverneur ayant raté, cet homme se releva pour sauter sur lui, mais en cet instant, il prit son autre pistolet et le tira si promptement et si heureusement qu'il le jetta tout raide mort. Or comme cet homme était le plus proche de lui, il eut le loisir de prendre un peu d'avance jusqu'à ce que les autres barbares étant venus à leur commandant déjà expiré, soudain au lieu de le poursuivre, ils chargèrent cet homme sur leurs épaules et l'emportèrent promptement parce qu'ils avaient peur que quelque secours inopiné ne leur vint ravir et que le corps d'un tel personnage ne tomba entre les mains de leurs ennemis : ce ridicule procédé donna loisir à M. de Maison-Neufve de se rendre au fort, quoiqu'après tous les autres,

lesquels pensaient être emportés d'un coup de canon par un mal-
habile homme, qui les voyant venir, courant avec confusion, sans
faire distinction d'amis ou d'ennemis, mit le feu au canon, mais
par bonheur, l'amorce se trouva si mauvaise que le coup ne s'en
alla pas. Que s'il eut parti, la pièce étant si bien braquée sur le
petit chemin par lequel ils venaient, qu'il eut tué tout le monde.
M. de Maison-Neuve arriva au fort, chacun en eut une joie qu'on
ne peut exprimer, et alors, trop convaincus de son courage, protes-
tèrent qu'à l'avenir, ils se donneraient bien de garde de le faire
ainsi exposer mal à propos. Au reste, il semble que Dieu en cette
occasion ne leur avait imprimé de la frayeur que pour faire davantage éclater son courage et le mieux établir dans leur esprit. Ce
rude combat et plusieurs autres qui se firent pendant cette année
n'empêcha pas ce printemps même qu'on ne commença à faire du
bled français à la sollicitation de M. d'Aillebout auquel le Canada
a l'obligation de cette première épreuve, qui convainquit un chacun
que la froideur de ce climat, ne l'empêchait pas de produire une
grande abondance de bled. Enfin l'été étant venu, le sieur de
la Barre arriva de France ici avec beaucoup de gens, partie desquels
étaient d'une compagnie que la reine envoya cette année là en
Canada sous sa conduite, laquelle compagnie fut distribuée dans
les différents quartiers de ce pays ; et l'autre partie de ce monde
venait aux frais des Messieurs du Montréal, lesquels firent encore
cette année de très-grandes dépenses pour ce lieu. Ce qui est remarquable ici dedans, c'est l'hypocrisie du sieur de la Barre qui trompa
tant de gens en France et en Canada ; à la Rochelle, il portait à sa
ceinture un grand chapelet avec un grand crucifix qu'il avait quasi
incessamment devant les yeux, tellement qu'il venait en ce pays
comme un homme apostolique auquel on avait confié ce commandement. Ainsi, sous des vertus apparentes, il cachait une très
méchante vie qui l'a fait finir ses jours sous une barre qui était
plus pesante que celle de son nom ; au reste quoiqu'il fit l'hypo-
crite aussi bien qu'homme de son siècle, toujours est-il vrai qu'il a
rendu un grand service au pays en y amenant ce secours, et c'est
peut être pour l'en récompenser que Dieu lui a fait faire cette rude
pénitence pour la conclusion de sa vie ; afin de lui donner un
moyen de satisfaire à ses crimes, comme apparemment il a fait ;
mourant d'une façon qui a laissé sujet de croire à tous que ça été
pour le grand bien de son âme. Ce personnage qui portait en lui
l'image de la même vertu, demeura au Montréal toute l'année suivante, mais enfin on le reconnut par quelques promenades qu'il
faisait fréquemment dans le bois avec une sauvagesse qu'il engrossa,
ce qui découvrit l'erreur de ces beaux prétextes. Mais pour ne

pas prévenir le temps qu'il faut laisser à l'année qui vient et dire
un mot de notre charitable inconnue qui envoya pour sa part à
Mlle Mance, pendant cette année, 3,000 livres, trois chapelles et
plusieurs meubles, lui adressant le tout comme si elle eut été logée,
ce que M. de Maison-Neufve voyant, il résolut d'employer tout son
monde avec la plus grande diligence qu'il se pouvait, afin de la
loger, ce qu'il fit avec tant de promptitude que le 8 Octobre du
même an, elle fut logée et en état d'écrire et de dater ses lettres de
l'hôpital du Montréal, écrivant à sa chère fondatrice, ce qu'envisa-
geait beaucoup M. de Maison-Neuve afin de la contenter ; l'hôpital
ne fut pas plus tôt fait qu'il se trouva assez de malades et de blessés
pour le fournir, tous les jours, les Iroquois par leurs boucheries y
fournissaient de nouveaux hôtes, ce qui obligeait un chacun à bénir
Dieu de tout son cœur pour les saintes inspirations qu'il avait
données à cette inconnue en faveur des pauvres malades et blessés
de ce lieu ; cela fit voir à Mlle Mance que sa bonne Dame avait bien
raison de ne lui point acquiescer en changeant ses charités en
faveur d'une mission pour laquelle elle la sollicitait ; cet ouvrage
étant si nécessaire même dans les commencements, de quoi Mlle
Mance étant pour lors bien convaincue, lui écrivit en cette sorte :
D'abord que la maison où je suis a été faite, incontinent elle a été
garnie, et le besoin qu'on en a fait voir la conduite de Dieu en cet
ouvrage : C'est pourquoi, si vous pouviez encore faire une charité
qui serait que j'eusse ma subsistance pour moi et pour une ser-
vante, et que les 2,000 livres de rente que vous avez donné fussent
entièrement aux pauvres, on aurait meilleur moyen de les assister,
voyez ce que vous pouvez faire là dessus, j'ai de la peine à vous le
proposer, parceque j'ai peine à demander, mais vos bontés sont si
grandes que j'aurais peur d'un reproche éternel si je manquais à
vous mander les besoins que je sais. Ce peu de paroles furent un
grain de semence jetée dans une terre très excellente, nous verrons
ce qu'elles produiront l'année prochaine.

DE L'AUTOMNE 1644 JUSQU'A L'AUTOMNE 1645 AU DÉPART
DES NAVIRES DU CANADA.

Au commencement de cette année, il y eut diverses attaques où
Dieu fut toujours très-favorable aux Montréalistes ; de vous dire
combien ils ont tué d'ennemis, on ne le peut faire, tant ces barbares
sont soigneux à cacher leurs morts et de les enlever ; mais je vous
dirais bien une assez plaisante rencontre où il n'y eut point de
sang répandu, ce qui arriva de la sorte : une partie de ces barbares

étant venue pour faire quelque coup, et un de leurs découvreurs ayant apperçu que tous les travailleurs s'étaient retirés dans un instant, au son de la cloche qui les appelait pour diner, il s'avança et monta dans un arbre fort épais et fourni de branches, tout propre à se bien cacher, et bien découvrir quand quelqu'un reviendrait. Après le diner, la cloche ayant sonné, ils virent que tous revenaient au travail, en même temps ce que regardant de tous côtés, il attendit pour voir le quartier qui serait le plus aisé à surprendre, mais par malheur pour lui, on vint placer un corps de garde sous l'arbre où il.était niché. Jamais il n'osa faire•connaître sa voix, il est vrai que cela lui était pardonnable, parcequ'il avait une grosse fièvre qui lui dura tout autant que cet arbre fut investi. Si on eut aperçu ce corbeau au milieu de ces branches, il eut fait le saut périlleux, mais on ne le vit ni on ne l'entendit aucunément; ce que l'on sait, c'est seulement par son rapport et celui de ses camarades ; venons aux navires et disons qu'ils nous apportèrent cet été de très-fâcheuses nouvelles, et à M. de Maison-Neufve surtout qui sut la mort de son père, ce qui l'obligea de repasser en France pour les affaires de sa maison à laquelle il fallait qu'il alla donner ordre ; il ne voulut point partir sans renvoyer auparavant en France le sieur de la Barre qu'il avait reconnu pour n'avoir rien de saint que son chapelet et sa mine trompeuse ; qu'ici le départ de Monsieur de Maison Neufve affligea beaucoup tous ceux d'ici qui le regardaient comme leur père. Mlle Mance reçut une lettre de son côté bien consolante, d'autant que sa Dame lui mandait en propres termes pour répondre à sa lettre. J'ai plus d'envie de vous donner les choses nécessaires que vous n'avez de les demander, pour cela, j'ai mis 20,000 francs entre les mains de la compagnie de Montréal pour vous les mettre en rente afin que vous serviez les pauvres sans leur être à charge, d'outre cela, je vous envoie 20,000 livres cette année." La bonne Dame, qu'elle était admirable en ses charités, elle savait bien que l'aumône a de grandes lettres de change pour l'autre vie, puisqu'elle l'a fait si largement, jugez combien cette vénérable fondatrice inconnue à tous, hormis à Mlle Mance et au Père Bazin, était agréable à Dieu et consolait fortement cette demoiselle qu'elle avait fait ici administratrice de son hôpital. Mais laissons cette bonne Dame et finissons cette année par M. de Maison-Neufve, lequel en partant pour la France laissa le gouvernement de son cher Montréal à M. d'Ailleboutz, auquel il le recommanda plus que s'il eut été un autre soi-même.

DE L'AUTOMNE 1645 JUSQU'A L'AUTOMNE 1646 AU DÉPART DES NAVIRES DU CANADA.

Nous n'avons pas grandes nouvelles à donner au public jusqu'au printemps où les Iroquois vinrent ici faire une paix forcée afin de nous surprendre lorsque nous y penserions le moins et que nous serions le moins sur nos gardes, ce que nous verrons ci-après malheureusement arriver aux sauvages nos alliés, non pas aux Français qui ne marchaient jamais qu'armés et sur la défiance. Ils allaient toujours au travail et en revenaient tous ensemble au temps marqué par le son de la cloche ; on profita beaucoup de cette paix forcée, parce que les Iroquois ne voyant pas un coup assuré, ils n'osaient pas se déclarer, ce qui donna loisir à M. d'Ailleboutz de parachever les fortifications du fort de ce lieu qu'il réduisit à quatre bastions réguliers, si bons que l'on en a pas encore vu de pareils en Canada ; il est vrai que l'injure des temps n'a pas permis à ces fortifications de durer jusqu'à aujourd'huy, mais la mémoire ne laisse pas d'en être récente auprès de plusieurs habitants ; c'est dommage que ce fort soit si proche du fleuve St. Laurent, d'autant qu'il lui est un ennemi fâcheux, lequel ne laisse pas sa demeure assurée, surtout un certain temps que des montagnes de glace le viennent menacer d'un soudain bouleversement ; ce qui fait que l'air soigne moins cet ancien *Berceau du Montréal* qui, d'ailleurs, serait fort agréable. L'été, suivant cette paix simulée, nous eûmes de bonne heure les navires à Québec, qui donnèrent incontinent la joie au Montréal de son chef M. de Maison-Neufve ; mais en attendant que nous voyons le peu de temps qu'il nous doit rester en Canada, parlons un peu d'un appelé M. Lemoine qui fut envoyé ici pour servir d'interprète à l'égard des Iroquois qu'on voyait toujours sans les bien entendre, à cause qu'on avait pas d'assez bons interprètes. Comme c'est le principal sujet qui émut M. de Montmagny à nous l'envoyer, nous verrons dans la suite de cette histoire combien sa venue nous fut avantageuse, non seulement pour le secours qu'on a tiré de sa langue, mais encore pour les bonnes actions qu'il a faites contre les ennemis auxquels il a plusieurs fois si bien fait voir son courage, qu'il a mérité ses lettres de noblesse pour les secours qu'il a rendus contre eux ; mais avant que de les marquer, il faut attendre les temps, et cependant comme celui-ci exige que nous touchions un second départ de M. de Maison-Neufve pour la France, parlons-en et disons qu'il fut causé par une lettre de M. de la Doversière qui lui manda dans un navire, lequel partit après lui, qu'il revint incontinent, parce que son beau-frère avait été assassiné depuis son départ et que sa mère avait conçu un dessein ruineux pour des secondes noces, et que ces deux choses enveloppaient tant d'affaires qu'il fallait absolument qu'il remonta en mer. Voyant cette lettre qui l'obligeait une seconde fois à s'en aller, il n'osa aller au Montréal ; il fallut qu'il épargna le cœur de ses enfants, pour conserver le sien, il savait que les lettres qui porteraient ce fâcheux rabat-joie y donneraient assez de tristesse sans l'aller augmenter par sa présence. C'est pourquoi, quittant cette pensée, il alla cacher son chagrin au plus vite dans le fond d'un vaisseau, et envoya les lugubres messagers de son retour à son cher Montréal, qu'il consola le mieux qu'il put par l'espérance d'y revenir l'an suivant sans y manquer.

DE L'AUTOMNE 1646, JUSQU'A L'AUTOMNE 1647, AU DÉPART DES NAVIRES DU CANADA.

Au commencement de cet hiver, les Iroquois brûlèrent le fort de Richelieu, [1] qu'on avait laissé sans monde, disant par raillerie que ce n'était pas par mal mais qu'il n'était fait que de gros bois, ce qu'ils firent à dessein de le piller sans en pouvoir être accusés. Le mois de mars venu, ils levèrent le masque tout de bon, ils commencèrent l'exécution des pernicieux desseins qui les avait portés à faire la paix ; voilà qu'ils se divisèrent en plusieurs branches et allèrent en guerre de toutes parts en même temps. Quand à nos pauvres sauvages, comme ils se regardaient dans une profonde paix, ils étaient dans différentes rivières à chasser sans se donner aucunement de garde, ce qui fut cause que ces traîtres venant tout d'un coup dans ces rivières où ils étaient, ils en firent tout à la fois un si épouvantable massacre qu'ils en laissèrent peu échapper, surtout il y eut très-peu de Nipissiriniens qui se sauvèrent ; quand aux Hurons qui étaient aux environs d'ici, ils s'y jettaient comme dans un asile assuré, d'où ils prirent la coutume de parlementer avec leurs ennemis, ce qu'ils faisaient sans crainte à cause du lieu où ils étaient, mais comme ils avaient de la peine à s'y tenir, pour avoir leur vie et liberté assurés en même temps, ils méditaient une lâche manière de trahir les Français, pour captiver la bienveillance de l'ennemi, sans penser aux grandes dépenses que l'on faisait ici pour les entretenir dans ce temps-là

1 Bâti en 1642 par M. de Montmagny à l'entrée de la rivière de Sorel alors nommée Rivière Richelieu.

où l'on faisait tout venir de France ; ce qui fait voir leur extrême ingratitude qui les portait à vouloir livrer leurs hôtes entre les mains de leurs ennemis, afin d'être par eux brûlés tout vifs, ce qu'ils tâchaient de faire réussir en cette manière ; tantôt l'un, tantôt l'autre allaient à la chasse et venaient accompagnés d'Iroquois vers la maison de son hôte, il l'appelait comme s'il eût besoin de quelque chose voulant l'attirer dans une embuscade d'ennemis, un pauvre homme sortait bonnement à une telle voix, et souvent il se trouvait dans la gueule du loup. Cela aurait réussi à ces malheureux et ils auraient fait mourir quantité de leurs charitables bienfaiteurs, si Dieu qui ne voulait pas payer leurs bonnes œuvres de cette méchante monnaie ne les eut préservés. Enfin plusieurs ayant été repoussé jusque dans leurs propres foyers, on commença à se donner de garde et on laissa désormais crier ces basiliques avec moins de compassion sans aller s'enquérir de ce qu'ils souhaitaient. On demandera d'où vient que l'on recevait ces gens, qu'on ne les faisait pas mourir ; mais il faut considérer que l'envie que l'on avait de les gagner à Dieu faisait qu'on se laissait aisément tromper par eux dans toutes leurs protestations, et que d'ailleurs, il était de la politique de ne les pas punir, crainte d'animer toute leur nation dans un temps où nous n'étions pas en état de nous soutenir contre tant de monde ; ainsi le temps se passa en trahisons et alarmes jusqu'à ce que l'été étant venu, après que nos pauvres Montréalistes se furent longtemps entretenus de leur cher gouverneur, ils surent qu'il était arrivé, ce qui combla ce lieu de joie. Aussitôt qu'il fut venu, il avertit M. d'Ailleboutz qu'en France on voulait rappeler M. le chevalier de Montmagny dont la mémoire est encore en grande vénération ; de plus, il lui dit qu'il serait nommé au gouvernement du Canada et qu'il fallait qu'il s'en allât en France, et que l'année suivante il reviendrait pourvu de sa commission ; ce bon gentilhomme avertit bien M. d'Ailleboutz de ces deux choses, mais il était trop humble pour lui dire qu'on lui avait offert à lui-même d'être gouverneur du pays, et qu'il l'avait refusé par une sagesse qui sera mieux reconnue en l'autre monde qu'en celui-ci.

DE L'AUTOMNE 1647, JUSQU'A L'AUTOMNE 1648, AU DÉPART DES NAVIRES DU CANADA.

Comme dans cette année et la suivante les guerres des Iroquois furent plus furieuses que jamais, ces barbares devenant de jours en jours plus audacieux et superbes par les continuelles victoires qu'ils remportaient dans le pays des Hurons qu'ils ont depuis complètement détruits, ce fut un coup du ciel que le retour de M. de Maison-Neufve, car l'effroi était si grand dans toute l'étendue du Canada qu'il eut gelé les cœurs par l'effet de la crainte, surtout dans un poste aussi avancé qu'était celui de Montréal, s'il n'eut été réchauffé par la confiance qu'un chacun avait en lui ; il assurait toujours les siens dans les accidents de la guerre et il imprimait de la crainte à nos ennemis au milieu de leurs victoires, ce qui était bien merveilleux dans un petit poste comme celui-ci ; les Hurons quoique en grand nombre étaient quand à eux épouvantés par les tourmens, se rendaient tous aux Iroquois, ceux qui en étaient pris, tenaient à grande faveur qu'il leur fut permis d'entrer dans leur parti afin d'éviter une mort cruelle quand même ils auraient du sortir à mi-rotis du milieu des supplices. Chacun qui leur avait promis fidélité quoique par force, n'eut osé violé cette parole infidèle à cette nation, appréhendant d'être attaqués une deuxième fois. Enfin nos ennemis se grossissaient tellement de jour à autre qu'il fallait être aussi intrépide que nos Montréalistes pour vouloir conserver ce lieu. Tantôt les ennemis venaient par ruse afin de nous surprendre dans un pourparler spécieux, tantôt ils venaient se cacher dans des embuscades où ils passaient sans broncher des journées entières, chacun derrière sa souche, afin de faire quelque coup ; enfin un pauvre homme à dix pas de sa porte n'était point en assurance, il n'y avait morceau de bois qui ne pouvait être pris pour l'ombre ou la cache d'un ennemi ; c'est une chose admirable comment Dieu conservait ces pauvres gens, il ne faut pas s'étonner si M. de Montmagny empêchait tout le monde de monter ici pour s'y établir, disant qu'il n'y avait point d'apparence que ce lieu put subsister, car humainement parlant cela ne se pouvait pas si Dieu eut été de la partie, qu'il en soit loué à jamais, et que Dieu veuille bien bénir son ouvrage, il n'appartient qu'à lui, on le voit assez par la grâce qu'il a faite de soutenir jusqu'à présent au milieu de tant d'ennemis, de bourrasques, un poste, et malgré les inventions différentes dont on s'est servi pour le détruire. Le printemps venu, en plusieurs tantatives que firent les Iroquois il faut que je raconte deux trahisons qu'ils tramèrent sans aucune réusite, afin de faire connaitre les gens auxquels nous avons affaire. Plusieurs Iroquois s'étaient présentés sous les apparences d'un pourparler, feu M. de Normentville et M. Lemoine s'avancèrent un peu vers eux et incontinent trois des leurs se détachèrent afin de leur venir parler ; M. de Normentville voyant ces hommes s'approcher sans armes pour marque de confiance et pour donner le même témoignage, il s'en alla aussi de son coté vers le gros des

Iroquois avec une seule demi-pique en la main par contenance, ce que Lemoine voyant il lui cria :

" Ne vous avancez pas ainsi vers ces traitres," lui trop crédule à ces barbares qu'il aimait tendrement, quoique depuis ils l'aient fait cruellement mourir, ne laissa pas d'aller vers eux, mais lorsqu'il y fut, ils l'enveloppèrent si insensiblement et si bien que quand il s'en aperçut il ne lui fut plus possible de se retirer. Lemoine apercevant la perfidie, coucha en joue les trois Iroquois qui étaient auprès de lui et leur dit qu'il tuerait le premier qui branlerait à moins que Normentville ne revint, un des trois demanda à l'aller chercher ce qu'il lui fut permis, mais cet homme ne revenant pas, il contraignit les deux autres à marcher devant lui au château, d'où ils ne sortirent point que jusqu'au lendemain que Normentville fut rendu. L'autre trahison se pensa faire sur le Sault Normant, qui est une *bature*, laquelle est peu avant sur le fleuve vis-à-vis du château ; deux Iroquois s'étant mis sur cette bature, M. de Maison-Neufve commanda à un nommé Nicholas Godé de s'y en aller en canot, afin de savoir ce qu'ils voulaient dire, d'autant qu'ils feignaient de vouloir parler, nos deux Français approchant, un de ces misérables intimidé par sa mauvaise conscience, se jetta dans son canot, s'enfuit, et laissa son camarade dégradé sur la roche où nos amateurs le prirent ; le captif étant interrogé pourquoi son compagnon avait fui, il dit que c'était une terreur panique qui l'avait saisi sans qu'il eut aucun mauvais dessein et qu'il eut aucun sujet de s'en aller de la sorte, ainsi ce traître voila adroitement sa mauvaise intention ; cela n'empêcha pas qu'on l'emmena au château. Peu après qu'il y fut, le fuyard reparut de fort loin, voguant et haranguant sur le fleuve ; d'abord on commanda aux deux mêmes canoteurs de se tenir prêts afin de les joindre à la rame, s'il approchait de trop près, ce qui réussit fort bien, car étant insensiblement mis dans le courant, au milieu de ces belles harangues, nos Français se jettèrent soudain dans leurs canots, le poursuivirent si vivement qu'il fut impossible d'en sortir et d'aller à terre avant d'être attrapé, si bien qu'il vint faire compagnie à son camarade qu'il avait fort incivilement abandonné. Voyez la ruse de ces gens et comme néanmoins on les attrapait. Ce fut cette année que pour narguer davantage les Iroquois on commença le premier moulin du Montréal, afin de leur apprendre que nous n'étions pas dans la disposition de leur abandonner ce champ glorieux, et que ce boulevard public ne se regardait pas prêt à s'écouler. Au reste, cette année, Dieu nous assista grandement, car si les Iroquois nous blessaient bien du monde en diverses reprises, ils ne nous tuèrent jamais qu'un seul homme ; encore est-ce plutôt une victime que Dieu voulait

tirer à soi, qu'un succès de leurs armes auquel Dieu ne l'eut peut-
être pas accordé si Dieu ne l'eut pas trouvé si digne de sa possession.
Enfin les vaisseaux de France nous arrivèrent et nous rapportèrent
M. d'Aillebout pour gouverner en la place de M. de Montmagny ; [1]
la joie de ceux de Montréal fut grande lorsqu'ils surent qu'un des
associés de la compagnie venait en Canada pour être gouverneur.
Mais elle fut modérée dans l'esprit de M. de Maison-Neufve et de
Mlle. Mance par une nouvelle qu'ils eurent que plusieurs des
notables de la compagnie du Montréal avaient été divertis de ce
dessein ici, qui exprès leur faisaient prendre le change en faveur
du Levant et que M. LeGauffre, un des plus illustres et anciens
associés, ayant laissé par son testament 30,000 livres pour fonder
ici un évêché, on avait perdu cette somme par arrêt, faute d'avoir
diligemment vaqué à cette affaire. Voilà donc les fâcheuses nouvelles qu'ils apprirent et dont M. d'Aillebout les assura. Mais
ensuite, afin de les consoler un peu, il apprit à M. de Maison-
Neufve qu'il apportait une ordonnance de la grande compagnie,
laquelle croissait la garnison de six soldats, et que au lieu de 3,000
livres que l'on avait donné jusqu'alors de gage pour lui et ses
soldats, il aurait à l'avenir 4,000 livres ; MM. de la Grande Compagnie voulant en cela reconnaître les bons et agréables services que
le pays recevait du Montréal sous son digne Gouverneur.

DE L'AUTOMNE 1648 JUSQU'A L'AUTOMNE 1649, AU DÉPART DES
NAVIRES DU CANADA.

La plupart des Iroquois furent tous occupés cette année à harceler les Hurons et les réduire aux abois dans leur propre pays ;
nous ne fumes travaillés ici que par de petits partis dont on vint
facilement à son honneur par la prudence de M. de Maison-Neufve
et la générosité des braves Montréalistes qu'il commandait. Le printemps arrivé, M. d'Aillebout envoya ici M. de...........son neveu,
avec 40 hommes qu'il commandait sous le nom de camp volant,
afin d'y aider à y repousser des ennemis, ce qui fut plus aisé que
de les battre, car aussitôt qu'ils entendaient le bruit des rames de
ses chaloupes, ils s'enfuyaient avec une telle vitesse qu'il n'était
pas facile de les attraper et de les joindre ; ce renfort encouragea

---

1 Le 20 août 1648, M. d'Aillebout mouilla devant Québec et fut reçu gouverneur. M. de Montmagny partit le 23 septembre suivant. M. d'Ailleboutz,
gouverneur de Montréal le 7 septembre 1645 à octobre 1647. Puis s'est embarqué
pour France le 21 décembre 1647—est revenu gouverneur du Canada le 20 août
1648.

beaucoup les nôtres aussitôt qu'il parut, à quoi contribua beaucoup le nom et la qualité de celui qui le commandait, si l'on avait eu l'expérience que l'on a aujourd'hui avec la connaissance que nous avons présentement de leur pays, 40 bons hommes bien commandés, se seraient acquis beaucoup de gloire, auraient rendu des services très-signalés au pays et auraient retenu nos ennemis dans une grande crainte par les coups qu'ils auraient faits sur eux ; mais nous n'avions pas les lumières que nous avons aujourd'hui, et nous étions moins habiles à la navigation du canot qui est l'unique dont on doit user contre ces gens-là, que nous ne sommes maintenant.

L'été étant venu, Mlle. Mance descendit à Québec, pour y recevoir les nouvelles de France, lesquelles lui furent fort tristes, car premièrement, elle apprit la mort du R. P. Rapin, son pieux ami et charitable protecteur auprez de sa pieuse fondatrice. Deuxièmement que la compagnie du Montréal était quasi toute dissipée ; en troisième lieu, que ce bon M. de la Doversière était si mal dans ses affaires qu'il avait quasi fait banqueroute, même qu'on l'avait laissé si mal qu'il était en danger de mort et qu'on était sur le point de lui saisir tout son bien. Mlle. Mance, frappée de ces trois coups de massue en la personne du R. P. Rapin qui lui faisait avoir tous les besoins de sa dame, en la personne de M. de la Doversière, qui depuis 1641 qu'elle fut uni à la compagnie, recevait tous ses effets et gérait toutes ses affaires de France, enfin, en la personne de tous les associés dont la désunion faisait l'entière destruction de leur commerce ; elle fut bien abattue, mais enfin, s'étant remise et abandonnée entre les mains de Notre Seigneur, éclairée de son divin esprit, elle crut qu'elle devait passer en France, comme sa chère fondatrice vivait encore, afin de lui rendre compte de toutes choses et faire ensuite tout ce qu'il lui plairait ; afin qu'elle n'eut le mécontentement de tout voir renverser dans cet ouvrage, et que l'œuvre de Dieu ne se trouva détruit ; elle médita les moyens de joindre tous les membres de la compagnie du Montréal et pensa à leur faire faire quelqu'acte public qui cimenta mieux leur union, si elle y pouvait parvenir, parce que, de là, elle prévoyait bien clairement que dépendrait non-seulement l'hôpital, mais encore la subsistance de tout le Montréal, et même de tout le Canada qui ayant perdu ce boulevard avait bien la mine de périr, car enfin, tout ce pays pour lors était fort épouvanté, surtout par les cruautés et entières destructions des Hurons, lesquels menaçaient ensuite généralement tous les Français d'encourir la même disgrâce et de suivre le même traitement. Mlle. Mance considérant ces choses, résolut de s'embarquer au plus tôt pour la

France, où M. de Maison-Neufve et tous ceux du Montréal l'accompagnèrent de leurs vœux.

DE L'AUTOMNE 1649 JUSQU'A L'AUTOMNE 1650, AU DÉPART DES NAVIRES DU CANADA.

Après le départ de Mlle Mance on eut le martyre des Révérends Pères de Brébœuf et Lallemant. Pendant toute cette année on ne voyait que des descentes de Hurons qui fuyaient la cruauté des Iroquois et venaient chercher parmi nous quelque refuge, toujours on apprenait par eux quelques nouvelles esclandres, quelques nouveaux forts perdus, quelques villages pillés de nouveau, quelques nouvelles boucheries arrivées. Enfin le reste des Hurons défilait peu à peu et chacun s'échappait du mieux qu'il pouvait des mains de son ennemi : ce furent les terribles spectacles dont le Montréal fut récréé pendant cet an, afin de le préparer tout à loisir d'être le soutien de tous les Iroquois ci-après, car enfin, n'y ayant plus rien à les arrêter au-dessus pour combattre, il fallait nécessairement que tout tomba sur lui ; tellement que voyant ces gens passer et leur raconter les boucheries, ils pouvaient bien dire : " Si cette poignée de monde que nous sommes ici d'Européens ne sommes plus fermes que 30,000 Hurons que voilà défaits par les Iroquois, il nous faut résoudre ici à être brûlés à petit feu avec la plus grande cruauté du monde, comme tous ces gens l'ont quasi été."

Voyez un peu de quel œil ces pauvres Montréalistes pouvaient regarder ces misérables fuyards qui étaient les restes et les derniers débris de leur nation. Voilà à peu près les pitoyables divertissements que l'on eut ici jusqu'au retour de Mlle Mance qui fut trois jours avant la Toussaint. Elle vint consoler le Montréal dans les afflictions et lui apporter de bonnes nouvelles : savoir, premièrement, que sa chère fondatrice était toujours dans la meilleure volonté du monde ; secondement, que la compagnie du Montréal à sa sollicitation, s'était unie cette fois-là par un contrat en bonne forme authentique, que M. Ollié avait été fait directeur de la compagnie au lieu de *M. de la Marguerye*, à cause qu'il était du conseil privé, qu'en cette réunion, tous avaient fait voir une telle preuve de bonne volonté pour cet ouvrage, qu'on avait tout sujet d'en bien espérer, qu'on avait jugé à propos qu'elle portât les associés à quitter le dessein du Montréal et à donner une assistance aux Hurons, laquelle fut proportionnée à l'état pitoyable où ils étaient dans le temps de son départ, mais qu'elle avait répondu à

la personne qui lui avait parlé que MM. du Montréal étaient plus
zélés pour l'ouvrage commencé que jamais, que pour marque de
cela, ils venaient de s'unir authentiquement par un acte public,
afin d'y travailler, qu'ayant appris toutes ces choses à cette personne, cela n'empêcha pas qu'il alla voir Monsieur et Madame la
Duchesse de Liancourt pour lui faire la même proposition, ce qui
fut en vain, car elle n'eut d'autre réponse, sinon, qu'ils travaillaient
pour le Montréal.

" Tout cela m'a bien fait adorer la Providence Divine, ajouta-t-
elle, quand j'ai su à mon retour que Monsieur Lemoine avait été
pour mener du secours dans le pays des Hurons, a été obligé de
relacher, les trouvant qu'ils venaient tous, du moins autant qu'il en
restait, car enfin, si tout ce monde avait tourné ses vues et avait
fait ces dépenses pour ce dessein, à quoi est-ce que tout cela aurait
abouti ? L'état pitoyable où j'avais laissé les hommes me fesait
compassion, mais le ciel qui voulait les humilier n'a pas permis
que ces serviteurs, ayant ouvert leurs bourses. pour un ouvrage
qu'ils ne voulaient pas maintenir ; il a choisi dans le Montréal une
œuvre qu'apparemment il voulait rendre plus solide. Son saint
nom soit à jamais béni.

DE L'AUTOMNE 1650 JUSQU'A L'AUTOMNE 1651, DÉPART DES
NAVIRES DU CANADA.

Les Iroquois n'ayant plus de cruautés à exercer au dessus de
nous, parcequ'il n'y avait plus de Hurons à détruire, et que les
autres sauvages s'en étaient enfuis dans des terres qu'ils ne pouvaient les aller chercher à cause du défaut de chasse et qu'il faut
être plus adroit à la pêche qu'ils ne le sont pour aller dans les
pays où ils s'étaient retirés, tournaient la face vers l'isle de
Montréal qu'ils regardaient comme le premier objet de leur furie
dans leur descentes, pour ce sujet l'hiver étant passé, ils com-
mencaient tout de bon à nous attaquer, mais avec une telle
opiniâtreté qu'à peine nous laissèrent-ils quelques jours sans
alarmes ; incessamment nous les avions sur les bras, il n'y a pas de
mois cet été où notre livre des morts ne soit marqué en lettre rouge
par les mains des Iroquois; il est marqué de leur côté, ils y per-
daient bien plus de gens que nous, mais comme leur nombre
était incomparablement plus grand que le notre, les pertes aussi
nous étaient plus considérables qu'à eux qui avaient toujours du
monde pour remplacer les personnes qu'ils avaient perdues dans
les combats, que si les troupes étaient présents, je donnerais aux
braves soldats qu'étaient pour lors les éloges qu'ils ont mérités,

mais la plupart des choses que je désirais remarquer ayant été
oubliées de ceux qui m'instruisent, il faut que je me contente seulement de vous rapporter les plus notables actions qui se firent pour
lors, les autres étant hors le souvenir des hommes qui est le seul
mémorial dont je puisse user dans cette histoire, laquelle jusqu'ici
n'a eu aucun écrivain. Entre les autres qui ont laissé après elles
une plus grande impression dans les esprits cette année, celle de
Jean Bourdart est fort remarquable : ce pauvre jeune homme étant
sorti de chez lui avec un nommé *Chiquot* furent surpris par 8 ou
10 Iroquois qui les voulurent saisir ; mais eux s'enfuyant, *Chiquot*
se cacha sous un arbre et tous ces barbares se mirent à la poursuite de *Jean Boudart*, lequel s'en allant à toutes jambes vers sa
maison vers laquel il trouva sa femme, à laquelle il demanda si le
logis était ouvert : " Non, lui répondit-elle, je l'ai fermé ; " "Ah ! voilà
notre mort à tous deux," lui dit-il, " fuyons-nous-en," lors en courant
de compagnie vers la maison, la femme demeurée derrière fut prise,
mais elle criant à son mari qui était près d'être sauvé ; le mari
touché par la voix de sa femme la vint disputer si rudement à
coups de poing contre les barbares, qu'ils n'en purent venir à bout
sans le tuer ; pour la femme ils la réservèrent pour en faire une
cruelle curée ; ce qui fait toute leur joie, aussi n'en tuent-ils point
sur le champ à moins qu'ils y soient contraints, Mr. Lemoine, Har-
chambault et un autre, ayant accouru au bruit, furent eux-mêmes
chargés par quarante autres Iroquois qui étaient eux-mêmes en embuscade derrière l'hôpital, lesquels les voulurent couper, ce qu'eux
trois ayant aperçu, ils voulurent retourner sur leurs pas, mais cela
était assez difficile à cause qu'il fallait passer auprez de ces quarante
hommes, lesquels ne manquèrent pas de les saluer avec un grand
feu sans toutefois qu'il y eut autre effet que le bonnet de M. Lemoine
percé, bref ils s'enfuirent tous trois dans l'hôpital qu'ils trouvèrent
tout ouvert, et où Mlle Mance était seule, en quoi il y a bien à remercier Dieu, car s'ils ne l'eussent trouvé ouvert ils eussent été pris et
si les Iroquois eussent arrivé à passer devant l'hôpital, sans que les
Français y eussent entré, comme la maison était toute ouverte ils
eussent prit Mlle Mance, pillé et brûté l'hôpital, mais ces trois
hommes y étant entrés et ayant fermé les portes, ils ne songèrent
qu'à s'en retourner avec cette pauvre femme et à chercher *Chiquot*
qu'ils avaient vu cacher. Enfin l'ayant trouvé, il les frappait si
fort à coup de pieds et de poings qu'ils n'en purent pas venir à bout,
ce qui fit que craignant d'être joints sur ces entrefaites par les
Français qui venaient au secours, ils lui enlevèrent la chevelure
avec un morceau du crâne de la tête, ce qui ne l'a pas empêché
de vivre près de quatorze ans depuis, ce qui est bien admirable.

Le 18 juin du même an, il y eut un autre combat qui fut des plus heureux que nous ayons eu, car un très-grand nombre d'Iroquois ayant attaqué quatre de nos Français, ces quatre hommes se jettè- rent dans un méchant petit trou nommé redoute, qui était entre le château et un lieu appelé la *Pte. St. Charles* au milieu des abatis et.........là résolus de vendre chèrement leur vie, ils commencèrent à la disputer à grands coups de fusils ; à ce bruit un de nos anciens habitants nommé Lavigne accourut tout le premier étant le plus proche du lieu attaqué, ce qu'il fit avec une audace surprenante et un bonheur admirable, car passant seul avec une légéreté et une vitesse extraordinaire par dessus tous les bois abattus, pour venir à ses camarades, il donna en quatre embuscades Iroquoises les unes après les autres et essuya 60 à 80 coups de fusil sans être blessé et sans s'arrêter aucunement, jusqu'à ce qu'il eut joint ces pauvres assaillis, qui ne furent pas peu animés par son courage. Ce tintamarre ne fut pas longtemps sans émouvoir nos Français qui étaient toujours prêts de donner, s'en vinrent secourir nos gens par l'ordre de M. le Gouverneur.   Ensuite les Iroquois ayant imprudemment laisser aller leurs coups de fusils à la fois, nos Français qui eurent plus de patience les tuèrent alors à plaisir ; Les Iroquois se voyant tomber de tous côtés par leurs décharges, ne songaient plus qu'à s'enfuir, mais comme les arbres étaient abattus et fort gros, à mesure qu'ils se levaient pour s'en aller on les faisait descendre à coups de fusil, enfin ils y laissèrent parmi les morts vingt-cinq où trente des leurs sans les blessés qui s'en allèrent. Mais passons outre et disons que les Iroquois ensuite à force de nous inquiéter, obligèrent cette année Mlle Mance de quitter l'hôpital pour venir au château, et que tous les habitants furent obligés d'abandonner leurs maisons, que dans les lieux que l'on voulut conserver, il fallut y mettre des garnisons ; tous les jours, on ne voyait qu'ennemis, la nuit on n'eut pas osé ouvrir sa porte et le jour on n'eut pas osé aller à quatre pas de sa maison sans avoir son fusil, son épée et son pistolet. Enfin comme nous diminuions tous les jours et que nos ennemis s'encourageaint, par leur grand nombre, chacun vit bien clairement, que s'il ne venait bientôt un puissant secours de France, tout était perdu ; Mlle Mance considé- rant et pesant cela dit à M. de Maison-Neufve qu'elle lui conseillait d'aller en France, que là fondatrice lui avait donné 22,000 livres pour l'hôpital, lesquels étaient dans un certain lieu qu'il lui indiqua ; qu'elle les lui donnerait pour avoir du secours, pourvu qu'en sa place on lui donna cent arpents du domaine de la seigneurie, avec la moitié des bâtiments, qu'encore cela ne valut pas les 2,2000 livres elles ne croyait pas y regarder de si près, parceque si cela ne se fesait pas tout était perdu et le pays bien hazardé. Ils convinrent tous deux de la chose qui enfin s'exécuta par après ; Mlle Mance écrit le tout à son illustre fondatrice qui scella son approbation de 20 autres mille livres, qu'elle fit remettre à cette compagnie comme nous le verrons ci-après, afin de lui aider à envoyer un plus grand renfort. Voyez un peu combien cette dame est généreuse, les bonnes œuvres qu'elle a faites pour ce lieu énonceront sans doute éternellement ses louanges dans les portes de la Jérusalem céleste. Mais revenons à M. de Maison-Neufve qui ayant résolu son départ en cette persuasion de Mlle Mance, quitta enfin son cher Montréal, dans le pitoyable état que nous avons dit ; il est vrai que son départ l'eut rendu tout inconsolable sans l'espérance d'un aussi heureux et avantageux retour que celui qu'il promettait ; en s'en allant, il laissa la conduite de toutes choses à M. de *Museaux* [1] confiant le tout à sa prudence et lui recommandant du plus intime de son cœur.

DE L'AUTOMNE 1651 JUSQU'A L'AUTOMNE 1651 AU DÉPART DES NAVIRES DU CANADA.

Cette année le pays ayant changé de commandant, d'abord le gouverneur nouveau voulut faire connaître à Messieurs du Montréal les bons sentiments qu'il avait pour eux et les bons traitements qu'ils en devaient espérer, en retranchant 1,000 livres d'appointements que Messieurs de la Compagnie générale donnaient à M. de Maison-Neufve, tant pour lui en qualité de Gouverneur de Montréal, que pour sa garnison. Je ne veux rien dire touchant la conduite que ce bon Monsieur a observée à l'égard de cette Isle, d'autant que je veux croire qu'il a toujours eu de très-bonnes intentions quoiqu'elles lui aient été moins avantageuses, que s'il avait plus soutenu cette digue, les inondations Iroquoises n'auraient pris si facilement leur route sur Québec et n'y auraient pas fait les dégats qu'elles y ont faits, où elles n'y ont pas toujours même respecté sa famille ; le nouveau Gouverneur ayant promis à M. de Maison-Neufve avant son départ pour la France, 10 soldats dont il lui avait fait passer les armes par avance, mais il les fit partir si tard et les mit si nuds dans une chaloupe qu'ils y pensèrent geler de froid ; on les prit pour des spectres vivants qui venaient, tout squelettes qu'ils étaient, affronter les rigueurs de l'hiver. C'était une chose

1 Le 13 décembre 1651 M. d'Aillebout, fut remplacé par M. Jean de Lauson comme Gouverneur Général. Il était conseiller du roi et avait été intendant du Dauphiné et de la Nouvelle-France.

assez surprenante de les voir venir en cet équipage en ce temps là, d'autant qu'il était le 10 décembre, cela fit douter longtemps que ce fut des hommes et on s'en put convaincre que lorsqu'on les vit de fort près ; au reste ces hommes étaient les plus malingres si nous regardons leur constitution, même deux de ces dix étaient encore enfants, lesquels à la vérité sont devenus de fort bons habitants dont l'un s'appelle St. Auge (Onge ?) et l'autre se nommait la Chapelle. Ces pauvres soldats ne furent pas plus tôt ici qu'on tâcha de les réchauffer le mieux qu'on put en leur faisant faire bonne chère et en leur donnant de bons habits, et ensuite on s'en servit comme des gens à repousser les Iroquois que nous avions tous les jours sur les bras ; aussitôt que l'été fut venu, Mlle Mance désireuse de savoir des nouvelles de M. de Maison-Neufve qui était toute l'espérance de ce lieu, pria M. Clos [1] major de cette place, de la vouloir escorter jusqu'aux Trois-Rivières afin de lui faciliter le voyage de Quebec, M. Clos en ayant obtenu la permission et ayant descendu avec elle aux Trois-Rivières où ils demeurèrent quelques jours en l'attente d'une commodité pour Québec. Voici que des sauvages arrivèrent du Montréal qui disent que les Iroquois y étaient plus méchants et plus terribles que jamais, que depuis leur départ on était si épouvanté que les Français ne savaient que devenir. M. le Major entendant ce discours, laissa Mlle Mance attendre le départ de feu M. Duplessis qui devait se rendre à Kébecq, et remonta au plus vite au Montréal, où tout le monde y fut encouragé par son retour. A son arrivée il y fut récréé et affligé en même temps par une histoire bien surprenante ; voici le fait : une femme de vertu qu'on nomme présentement la *bonne femme Primot* fut attaquée à deux portées de fusil du château. D'abord que cette femme fut assaillie elle fit un cri de force ; à ce cri, trois embuscades d'Iroquois se levèrent et se firent paraître et trois de ces barbares se jetèrent sur elle afin de la tuer à coups de haches, ce que cette femme voyant, elle se mit à se défendre comme une lionne, encore qu'elle n'eut que ses pieds et ses mains, au trois ou quatrième coup de hache, ils la jetèrent bas comme morte et alors un de ces Iroquois se jeta sur elle afin de lui lever la chevelure, et de s'enfuir avec cette marque de son ignomineux trophée, mais notre amazone se sentant ainsi saisie, tout d'un coup reprit ses sens, se leva et plus furieuse que jamais elle saisit ce cruel avec tant de violence par un endroit que la pudeur nous défend de nommer, qu'à peine se

---

1 Lambert Closse.—Il était venu en 1641 avec M. de Maison-Neufve et commandait en second la garnison ; il était d'une famille noble, les écrits du temps l'appellent indifféremment *sergent major* de la garnison, major de la garnison, major de ce lieu ou du fort ou de la ville, ou enfin du Montréal.

put-il jamais échapper, il lui donnait des coups de hache par la tête, toujours elle tenait bon jusqu'à ce que déréchef elle tomba évanouie par terre et par sa chute elle donna lieu à cet Iroquois de s'enfuir au plus vite. ce qui était l'unique chose à quoi il pensait pour lors, car il était prêt d'être joint par nos Français lesquels accouraient de toutes parts ; au reste cette action fut suivie de quelque chose d'assez plaisant, d'autant que les Français qui venaient au secours ayant aidé à relever cette femme, un d'entre eux l'embrassa par signe d'amitié et de compassion, elle revenant à soi et se sentant embrassé déchargea un gros soufflet à ce client affectueux, ce qui obligea les autres à lui dire : " Que faites-vous, cet homme vous témoigne amitié sans penser à mal, pourquoi le frappez-vous ? " " Parmanda, dit-elle, en son patois, je croyais qu'il me voulait baiser." C'est étonnant les profondes racines que jette la vertu lorsqu'elle se plaît dans un cœur, son âme était prête à sortir, son sang avait quitté ses veines et la vertu de la pureté était encore inébranlable dans son cœur. Dieu bénisse le saint exemple que cette bonne personne a donné à tout le monde en cette occasion pour la conservation de cette vertu. Cette bonne femme Mme Primot, dont nous parlons, est encore en vie et s'appelle communément *Parmenda* à cause de ce soufflet, qui surprit tellement un chacun que le nom lui en a demeuré. Les Iroquois, sur la fin de l'été, las de ne pouvoir se venger des coups reçus et des pertes nouvelles qu'ils faisaient encore tous les jours, résolurent de se rendre plus bas afin de voir s'ils réussiraient mieux, ce qu'ils firent malheureusement pour nous, ainsi que la mort de M. Duplessis, gouverneur de Trois Rivières, et d'une grande partie des habitants de ce lieu le fait voir à ceux qui lisent les relations des Révérends pères Jésuites, mais comme ceci n'est pas de notre fait, passons outre et disons que Mlle. Mance ne revit pas M. de Maison-Neufve, comme elle pensait, cette année ; mais qu'elle eut seulement de ses nouvelles par lesquelles il lui mandait qu'il espérait de revenir l'an suivant avec plus de cent hommes, qu'il avait vu adroitement la bonne fondatrice sans faire semblant de rien, qu'il lui avait fait connaître l'état des choses, qu'il y avait sujet d'en espérer encore beaucoup, qu'il ne manqua pas de lui écrire sans lui donner à connaître *qu'elle elle était.* Cette lettre consola beaucoup Mlle Mance dans ce pénible retardement de notre cher Gouverneur ; car par elle on voyait tout se disposer pour son retour l'an suivant, ce qui lui était fort incertain auparavant, d'autant que M. de Maison-Neufve lui avait dit et à M. DesMuseaux, auquel il avait laissé ses ordres en tout événement : " Je tâcherai d'amener 200 hommes, ils nous seraient bien nécessaires pour défendre ce lieu ; que si je n'en ai pas du moins 100, je ne reviendrai point, et il faudra tout abandonner, car aussi bien la place ne serait pas tenable." Mlle Mance ayant eu ses nouvelles et ayant donné ordre aux affaires de France, vint promptement au Montréal afin de lui faire part de ce qu'elle avait appris et le soulager dans cette facheuse année qu'il fallait encore passer en l'absence de son cher gouverneur.

DE L'AUTOMNE 1652 A L'AUTOMNE 1653, AU DÉPART DES
NAVIRES DU CANADA.

Le quatorze octobre de cette année, il se fit une très-belle action de la manière que je vais dire. On sut par l'aboiement des chiens, qu'il y avait des ennemis en embuscade du côté qu'ils regardaient. M. le major, qui était toujours sur pied en toutes les occasions, eut l'honneur d'avoir cette découverte à faire, il y alla avec 24 hommes et marcha droit vers le lieu où il était question ; pour y aller avec prudence, il détacha le sieur de la Lochetière, Baston et un autre dont je ne sais pas le nom, trois bons soldats qui marchaient devant à la portée de fusil ; il donna l'ordre à ces trois détachés de n'aller que jusqu'à un certain lieu qu'il désigna. La Lochetière, emporté par son courage, passa un peu plus outre pour découvrir par dessus un arbre qui était devant lui, si les ennemis n'étaient point dans un fond qui y était ; en regardant par dessus cet arbre, les Iroquois qui étaient cachés au pied firent d'abord leurs hués, le tuèrent et le mirent à mort, mais non pas si soudain qu'il ne fit payer sa vie à celui qui le tua, d'autant qu'il lui rendit la pareille de son coup de fusil ; les deux autres découvreurs voulant se retirer, eurent une salve qui fut furieuse, mais dont Dieu les garantit. Le major mit d'abord ses hommes en état ; on tint ferme quelque temps, mais il aurait expérimenté un moins heureux combat, ayant affaire à tant d'ennemis, sans que M. Prud'homme, ancien habitant d'ici, l'appela d'une chétive maisonnette où il était, lui criant de se retirer bien vite, d'autant qu'on l'environnait ; il n'eut pas plus tôt ouï la parole et tourné la tête qu'il vit les Iroquois quasi tout au autour de la maisonnette et de lui, ce qui lui fit commander à ses gens de forcer ces barbares et d'entrer dedans à quelque prix que ce fut, ce qui fut dit fut rigoureusement exécuté ; incontinent qu'on fut dedans, on fit des meutrières et chacun commença à faire grand feu ; hormi un lâche, qui saisi de frayeur se coucha tout plat sans que les menaces ni les coups le pussent faire lever ; il fallut donc laisser ce mort tout en vie qu'il était et songer à se bien battre, car les Iroquois joignaient la maison de toutes parts et tiraient si rudement que les balles passaient au travers de cette chétive maisonnette, qui était si peu solide, qu'après l'avoir percée, elle perça un de nos plus beaux soldats, qui est un nommé Laviolette, et le mit hors de combat, ce qui nous fut une grande perte pour cette occasion, d'autant que cet homme a toujours paru ici un des plus intrépides et vigoureux, ce qui a fait qu'on lui a donné plusieurs fois des commandements dont il s'est fort bien acquitté. Enfin, nonobstant ce malheur, il ne fallut pas laisser de se battre et faire de son mieux, ce qui nous réussit très-bien et se passa de la sorte: nos meurtrières étant faites et ayant moyen de répondre aux ennemis, nous commençâmes à avoir notre tour, et dans les premières décharges, nous en jetâmes une belle quantité par terre, ce qui les embarrassa fort, surtout à cause que ne voulant pas abandonner leurs morts, ils ne savaient aussi comment les enlever, d'autant que chacun qui en approchait ne manquait pas de le payer de quelques coups de fusil. Ce tintamare dura tant que nous eûmes de la poudre, mais les munitions manquèrent; cela inquiéta fort notre major qui en témoigna quelque chose au sieur Baston qu'il savait bon coureur ; comme il avait bon courage, c'en fut assez pour le faire s'offrir d'en aller chercher. Alors monsieur Closse, tout joyeux, le mit en état de partir avec tous les témoignages d'amitié possible ; après, on lui ouvrit la porte et on favorisa sa sortie par les redoublements des décharges ordinaires en ces occasions ; enfin, malgré eux, il arriva au château d'où il revint bien amunitionné, avec 8 ou 10 hommes, qui étaient tout ce qu'on pouvait lui fournir, conduisant à couvert deux petites pièces de campagne chargées à cartouche, à la faveur d'un rideau qui passe depuis le château jusqu'à vis-à-vis la maison attaquée. Quand il fut le plus proche qu'il pouvait aller à couvert, tout à coup il parut sur le rideau avec ses deux canons, qu'il tira sur les Iroquois. M. Closse, qui l'entendait, sortit tout aussitôt avec son monde pour favoriser son entrée, dont le régal fut un redoublement de coups de fusil afin de faire connaître aux Iroquois si cette poudre valait bien la précédente, mais comme ils virent qu'on était moins chiche qu'avant l'arrivée de Baston, ils jugèrent qu'il valait mieux se retirer, que d'user plus amplement de nos libéralités ; il est vrai que comme ils étaient au pied de la maison, cette retraite était un peu difficile, aussi en s'enfuyant reçurent-ils bien des coups. On ne sait pas au vrai le nombre de leurs morts, quoiqu'ils en aient beaucoup perdu en cette occasion, parce qu'ils les emportèrent quasi tous, et qu'ils n'ont pas accoutumé de se vanter des gens qu'ils ont ainsi perdus. Il est vrai qu'ils n'ont pas pu s'en taire absolument et que exagérant les pertes des leurs, ils les ont

4

exprimées en ces termes : " Nous sommes tous morts." Quand aux
estropiés, ils en ont compté le nombre aux Français, leur avouant
qu'ils en avaient 37 des leurs parfaitement estropiés ; au reste,
c'est une chose admirable que ces gens-là aient tant de force à
porter, car encore qu'ils ne soient pas bien forts en autre chose,
ils ne laissent pas pourtant que de porter aussi pesant qu'un mulet :
ils s'enfuient avec un mort ou un blessé, comme s'ils n'avaient
quasi rien, c'est pourquoi il ne faut pas s'étonner après les combats
s'il se trouve peu de personnes puisqu'ils ont une si grande
envie de les emporter. Pour ce qui regarde ce qui nous arriva en
cette occasion, je n'y remarque rien de funeste, sinon la mort du
brave La Lochetière et la grande blessure du pauvre Laviolette,
mais il est bien à propos sur ce sujet que je dise un mot de M.
Closse qui a été reconnu de tous comme un homme tout de cœur
et généreux comme un lion : il était soigneux à faire faire l'exercice
de la guerre, était l'ami des braves soldats et l'ennemi juré des
poltrons.

Tous ceux qui l'ont bien connu le regrettent et avouent qu'on a
perdu en lui une des plus belles fleurs de ce jardin ; que si on
avait besoin d'écrire toutes les belles actions qui se sont faites en
ce lieu tous les ans, nous lui ferions plusieurs éloges d'autant qu'il
était partout, et partout il faisait des merveilles ; mais la négli-
gence alors d'écrire m'oblige à les laisser dans le tombeau aussi
bien que celles de plusieurs autres dont les faits héroïques entrepris pour Dieu et sa gloire, seront un jour tirés du sépulcre par un
bras moins faible que le mien et une main plus puissante que celle
avec laquelle je travaille pour cette histoire ; on ne saurait exprimer les secours de cet excellent major, c'est pourquoi il nous faut
passer outre, pour dire que dans la suite de cette année, on eut
plusieurs autres attaques, mais que les ennemis n'y eurent pas de
grands succès ; on se secourait avec une telle vigueur, qu'aussitôt
qu'un coup de fusil s'entendait en quelque lieu, aussitôt on y
venait à toutes jambes ; on courait ici aux coups comme à un bon
repas ; encore qu'ailleurs on fut moins friand de ces morceaux, de
quoi on eut une plaisante marque au printemps, d'autant que M.
le Gouverneur ayant envoyé une barque au Montréal, il avertit le
commandant de n'approcher pas du château, s'il n'y voyait des
marques qu'il y avait encore des Français, s'il n'en voyait pas,
qu'il s'en revint, crainte que les Iroquois ayant pris le lieu, n'y
fussent en embuscade pour les y attendre. Ce qui fut dit fut fidèlement exécuté ; la barque vint proche du Montréal, il est vrai
qu'on ne la pouvait pas bien distinguer du château à cause des
brumes. Là, ayant mouillé l'ancre, nos Montréalistes qui la voyaient,

disputaient fortement, les uns disaient que c'était une barque, les autres le contraire, la barque ayant resté pendant toute cette dispute. Enfin elle se lassa d'attendre, et croyant fermement qu'il n'y avait plus personne à cause qu'elle ne voyait ni n'entendait rien, elle résolut de lever l'ancre et de partir pour retourner vers Kébecq, assurant qu'il n'y avait plus de Français au Montréal ; or la barque étant partie, et le temps étant devenu serein, nos Français qui jusqu'alors avaient dit qu'il n'y avait point eu de barque dirent aux autres : " Hé bien, y avait-il une barque ? " Ceux qui avaient tenu l'affirmation dirent que cela avait bien la mine d'une barque, qu'il fallait que ce fut un fantôme ou bien quelque diablerie, ainsi se résolut la question jusqu'aux premières nouvelles de Québec, qui apprirent au Montréal que ce n'était point un prestige, mais bien une véritable barque, ce qui fit un peu rire et ce qui doit aussi apprendre à un chacun qu'on estimait ici le monde dans un tel danger d'être taillé en pièces en ces temps-là, que toutes les fois qu'on y venait, on y était dans de grandes appréhensions que cela ne fut déjà fait, c'est pourquoi on osait en approcher sans beaucoup de circonspection, crainte d'y rencontrer des Iroquois au lieu des compatriotes que l'on y venait chercher ; même communément, il fallait aller aux barques pour les avertir de ce qui se passait et leur donner avis de l'état des choses, autrement ont eut été en danger, que sans s'en approcher elles ne s'en fussent allé aussi bien que celle-là. Mais parlons d'autre chose, et disons que Mlle Mance toute désireuse du retour de M. de Maison-Neufve, descendit à Kébecq de bonne heure cette année-là, ce qui fut un coup de la Providence, d'autant que n'ayant pas de chaloupes pour descendre, elle eut été enlevée infailliblement par les Iroquois si elle y eut été plus tard, d'autant que ces antropophages, ennemis du genre humain, se ressouvinrent de la réussite qu'ils avaient eu l'an dernier aux Trois-Rivières, y vinrent bientôt après qu'elle fut passée, rechercher ce qui avait échappé à leurs cruautés, bloquant ce lieu des Trois-Rivières, avec 600 hommes ; elle aurait dormi dans ce blocus et aurait été prise au passage si elle avait tardé ; mais heureusement elle était à Kébeck, où elle apprit par feu M. Duhérison, qui était du premier navire, que M. de Maison-Neufve, venait avec plus de cent hommes, ce qui lui donna une joie non puérile, et même dans tout le public qui était fort abattu de crainte ; tout le monde dans Kébecq et par les côtes, commença à offrir ses vœux à Dieu pour son heureuse arrivée, on le nommait déjà le libérateur du pays. Cette heureuse nouvelle venue, Mlle Mance supplia M. le Gouverneur de vouloir bien donner au plus tôt cet agréable avis au Montréal ; il ne lui put refuser une si juste demande, et pour

cela, il expédia une chaloupe, mais Dieu qui ne la voulait pas
perdre, lui envoya un vent contraire qui l'empêcha d'aller jusqu'au
blocus des Trois-Rivières, dont on avait aucune nouvelle à Kébecq,
et dont on avait rien su, sans qu'il fut découvert par les plus lestes
du pays, qui en ce même temps coururent après le Père Pounèrt
pour le délivrer d'entre les mains des Iroquois. Or ces messieurs,
revenant de cette course dont il est parlé dans les relations du
temps, ils trouvèrent la chaloupe, laquelle montait au Montréal,
qu'ils avertirent de descendre au plus tôt à cause de l'armée Iroquoise qu'ils avaient vue devant les Trois-Rivières, ce qui faisait
redoubler les vœux pour l'arrivée de M. de Maison-Neufve, afin
d'aller dégager ces pauvres affligés, mais si Dieu ne voulut pas
accorder cet honneur, il voulut se servir en ceci du Montréal par
une voie bien différente. Il y avait lors plusieurs Hurons au
Montréal qui y faisaient la guerre aux Iroquois à l'abri de ce fort,
entre autres, il y avait le plus brave de tous, nommé *Anontaha*,
qui avait fait voir un courage extraordinaire dans une action dont
nous parlerons ci après. Or ces Hurons, dans leurs découvertes,
aperçurent un jour la piste des ennemis, lesquels venaient tâcher
de faire quelque méchant coup en ce lieu ; d'abord qu'ils eurent
eu cette connaissance, ils en vinrent donner avis, et incontinent les
Français et les Hurons formèrent deux partis du côté d'où venait
l'ennemi, qui se trouva enfermé entre les deux, où il leur fallut combattre en champ clos, il est vrai que les Iroquois vendirent bien
leur vie et leur liberté, car encore qu'ils fussent peu, c'étaient les
plus braves de leur nation, et que de plus, ils étaient favorisés d'un
grand embarras de bois, mais enfin en ayant été tué la majeure
partie, le reste fut contraint de se rendre à la force, hormis quelques
uns qui se sauvèrent. Or tous les captifs ayant été amenés au
château, ils dirent qu'ils avaient une grosse armée qui ravageait
tout le pays d'en bas et y mettait tout en combustion. M. Des
Musseaux[1] qui commandait, sachant ces choses, et que ses prisonniers étaient des considérables, il se conseilla avec les mieux censés
de ce qu'il y avait à faire. Le sentiment commun fut que M. Lemoine
persuaderait à Anontaha de s'en aller parlementer avec les Iroquois
et de sauver le pays, et s'il pouvait, nommément les Trois-Rivières
qu'on apprenait être en grand danger ; à cette proposition ce brave
sauvage se résolut d'exposer sa vie pour le bien du pays, il descendit dans un canot lestement équipé et entra dans les Trois
Rivières, après qu'il y fut, il proposa aux Iroquois de s'approcher
et de l'entendre, ensuite leur ayant donné le loisir de venir assez

---

1 Il était neveu de M. Louis d'Aillebout.

près pour l'ouïr il leur dit fortement : " Ne vous avisez pas de faire du mal aux Français ; je viens du Montréal, nous y avons pris tels et tels vos capitaines qui y étaient allés comme vous savez, ils sont maintenant à notre discrétion, si vous voulez leur sauver la vie, il faut faire la paix." Ces barbares ayant nommé leurs capitaines, et sachant qu'ils étaient pris, d'abord il s'approchèrent et dirent que volontiers ils feraient la paix d'abord qu'on leur rendrait leur gens. Ce qui réjouit beaucoup les pauvres assiégés, mais à la vérité, leur joie pensa tout d'un coup être changée en tristesse, car les Hurons qui étaient restés au Montréal avec les prisonniers Iroquois, pensèrent être pris, eux et leurs captifs tout à la fois, d'autant que sottement, ils les voulurent amener aux Trois-Rivières sans attendre aucune escorte de chaloupe, de bonne fortune les Iroquois songeaient alors qu'à la paix et furent surpris, que s'ils ne l'eussent été et eussent attrappé ces étourdis, les affaires eussent été en pire état que jamais, mais enfin, les Iroquois traitaient à main et à demain et ne songeaient qu'à se remplir des………… françaises sans plus songer à la guerre pour le présent ; au plus vite, on envoya des Trois-Rivières à Québec afin d'avertir de ce grand changement, et les Hurons qui étaient remplis d'orgueil pour ces réussites y portèrent promptement ces bonnes nouvelles, enfin il se fit une paix forcée, à quoi les ennemis acquiescèrent, seulement pour avoir leurs gens et avoir lieu ensuite de nous surprendre ; nous reconnaissions bien leur fourberie, mais comme ils étaient les plus forts, nous en passions par là où ils voulaient, la faiblesse de ce temps là faisait jeter de grands soupirs après l'arrivée de M. de Maison-Neufve avec son secours, mais enfin, il ne venait point, ce qui affligeait tout le monde à un tel point que la saison s'avançant sans qu'il parut ; afin d'obtenir cette grande assistance que tous attendaient par sa venue, on exposa le Très-Saint Sacrement pendant plusieurs jours, jusqu'à ce que le ciel, importuné par ces prières publiques, voulut exaucer les vœux de ces peuples, ce qui fut le 27 septembre, auquel jour on chanta à l'église le Te Deum pour action de grâce de son arrivée. M. de Maison-Neufve ayant rendu ses devoirs au Souverain des lumières, il alla rendre ses respects à M. de Lozon auquel il raconta les disgrâces de son voyage, entre autres que son retardement avait été causé par une voie d'eau qui les avait obligé de relâcher trois semaines après leur départ. Ensuite de cette première visite, d'aller vers les Révérends Pères Jésuites et autres maisons religieuses, ensuite de quoi il se vint renfermer avec Mlle Mance pour lui dire en particulier ce qui s'était passé de plus secret dans son voyage, ensuite ce qui concernait cette bonne dame inconnue, ce qu'il commença de la sorte :

" Comme vous m'avez confié le nom de cette sainte Dame, me
voyant en France, fort embarrassé par le présent désir de secourir
ce pays dans l'extrémité, où les Iroquois l'ont réduit, j'avais bien
envie de lui parler et lui faire connaître les choses sans faire
semblant de rien, car comme vous m'aviez dit que de la manifester
c'était tout perdre, je ne l'eusse pas voulu faire, mais comme aussi
vous m'aviez dit, beaucoup de fois, que si vous l'eussiez pu entretenir là-dessus à cœur ouvert que cette âme généreuse y aurait
apporté du remède, cela me donnait envie de la voir ; or étant
dans ces souhaits, Dieu me fit naître une belle occasion par le
moyen d'une de mes sœurs qui avait procès contre elle, ce que
sachant, je m'offris de lui donner la main pour aller chez elle et
comme je savais qu'elle n'ignorait pas mon nom à cause du gouvernement du Montréal, je me fis nommer à la porte afin que cela
lui renouvela la mémoire : elle eut lieu de m'interroger et moi de
l'entretenir. Dieu donna bénédiction à ma ruse, car l'ayant saluée,
et ma sœur lui ayant parlé de ses affaires, elle·s'enquit de moi, si
j'étais le gouverneur du Montréal, qu'on disait être dans la Nouvelle-France, je lui répondis que oui, que j'en étais venu depuis
peu ; qui est, me dit-elle, de ce pays, dites le nous, et nous appre-
nez des nouvelles de ce pays-là, comme on y fait, comme on y vit,
et quelles sont les personnes qui y sont, car je suis curieuse de
savoir tout ce qui se passe dans les pays étrangers. Madame, lui
dis-je, je suis venu chercher du secours pour tâcher de délivrer ce
pays des dernières calamités où les guerres des Iroquois l'ont
réduit, je suis venu tenter si je pourrais trouver le moyen de le
tirer de misère ; l'aveuglement est grand parmi ces sauvages qui
y sont, néanmoins on ne laisse pas toujours d'en gagner quelques
uns ; au reste ce pays est grand, et le Montréal est une île fort
avancée dans les terres, très-propre pour en être la frontière, car
nous sera une chose bien fâcheuse s'il nous faut abandonner des
contrées aussi étendues sans qu'il n'y reste personne pour annoncer
les louanges de celui qui en est le Créateur ; au reste, cette terre
est un lieu de bénédictions pour tous ceux qui y viennent, car
cette solitude jointe aux périls de la mort où la guerre nous met à
tout moment, fait que les plus grands pécheurs et pécheresses y
vivent avec édification et exemple ; cependant, s'il faut que tout
cela s'abandonne, je ne sais pas ce qu'il deviendra. Ce qui me
fait le plus de peine, est une bonne fille qu'on appelle Mlle Mance,
car si je n'amène un puissant secours, je ne puis me décider à
retourner, d'autant que cela serait inutile, et si je ne m'en retourne
pas, je ne sais ce qu'elle deviendra ; de plus, je ne sais ce que
deviendra une certaine fondation qu'une bonne dame qu'on ne

connaît point a faite en ce pays-là, pour un hôpital, dont elle a fait cette bonne demoiselle administratrice, car enfin si je ne les vas secourir, il faut que tout quitte et échoue. A ces mots elle me dit : " Comment s'appelle cette dame ? " Hélas ! lui répondis-je, elle a défendu à Mlle Mance de la nommer, elle n'oserait l'avoir fait ; au reste, cette demoiselle dit que sa dame est si généreuse dans ses charités qu'on aurait lieu de tout espérer si elle pouvait avoir l'honneur de lui parler,—qu'autrefois elle avait auprès d'elle un bon religieux qui eut bien négocié cette affaire et lui eut bien fait connaître le tout, mais maintenant, lui étant mort, elle ne peut lui parler ni lui faire parler, pas même lui écrire, parce que cette dame lui a défendu de mettre son nom pour l'adresse de ses lettres ; que quand ce religieux vivait, il connaissait ce mystère, elle lui envoyait ses lettres parce que lui qui avait tout moyen et savait le tout les portait ; maintenant qu'il n'y avait plus rien à faire, que si elle avait seulement mis son nom pour servir d'adresse sur une lettre, elle assura qu'elle tomberait dans sa disgrâce et qu'elle aimait mieux laisser le tout à la seule Providence, que de fâcher une personne à qui elle est tant obligée elle et toute la compagnie du Montréal. Voilà, madame, lui dis-je, l'état où sont les choses, même on est si pressé de secours que la demoiselle voyant que tous les desseins de la fondatrice sont prêts à être mis au néant, elle a donné un pouvoir de prendre 22,000 livres de fondation qui sont dans Paris pour 100 arpents de terre que la compagnie lui donne, en disant : Prenez cet argent, il vaut mieux qu'une partie de la fondation périsse que le total, servez-vous de cet argent pour lever du monde, afin de garantir tout le pays en sauvant le Montréal. Je ne crains point, dit-elle, l'esprit de ma bonne dame, si elle savait les angoisses où nous sommes, elle ne se contenterait pas de cela. Voilà l'offre qu'a fait cette demoiselle. J'avais de la peine à accepter, mais enfin, ayant été pressé vivement par elle qui m'assurait toujours qu'elle pouvait hardiment interpréter la volonté de sa bonne dame en cette rencontre ; j'ai fait un concordat avec elle pour ces cent arpents de terre, en faveur des 22,000 livres qu'elle a espéré devoir beaucoup aider à garantir le pays qui est l'unique but de ce concordat ; car la terre à ce pays-là serait un peu bien chère. Voilà, madame, la situation où nous sommes. " Je voudrais bien, me répondit cette bonne dame, que vous me revinssiez voir pour nous entretenir de ces choses." Volontiers, madame, lui dis-je. Depuis, je l'ai vue plusieurs fois, même elle prenait plaisir à me faire entrer dans son cabinet, pour m'entretenir à loisir de toutes les particularités, mais jamais elle n'a voulu se découvrir à moi, il est vrai que notre négociation n'a pas laissé de réussir,

d'autant qu'elle a donné 20,000 livres à *M. de la Mongan*, lui disant
qu'une personne de qualité faisait présent à la compagnie du
Montréal de cette somme, pour lui aider à lever du monde pour
secourir leur isle sous la conduite de M. de Maison-Neufve ; elle fit
ce qu'elle put pour que M. de la Mognon crut que cela venait
d'ailleurs, mais enfin nous savons assez la main d'où procédait ce
bienfait. Voyez, dit après cela M. de Maison-Neuve à Mlle Mance,
une belle ratification de vos 22,000 livres ; l'illustre et charitable
fondatrice, Dieu la bénisse à jamais. Voilà ce que j'avais à dire à
son sujet ; mais parlons maintenant d'une bonne fille que j'amène,
nommée *Marguerite Bourgeois*, dont la vertu est un trésor qui sera
un puissant secours au Montréal ; au reste cette fille est encore un
fruit de notre Champagne qui semble vouloir donner à ce lieu plus
que tous les autres réunis ensemble.

Cette fille est une personne de bon sens, de bon esprit, qui ayant
passé jusqu'à 18 ou 20 ans sans vouloir approcher de la congrégation de Troyes, crainte de passer pour bigotte, quelque sollicitation
qu'on lui en fît. Dieu lui ayant donné ensuite une forte pensée
de voir comme on y fesait, elle y remarqua si bien la solide vertu
qu'on pratiquait, qu'elle s'y envola d'une si bonne manière, qu'y
marchant à grands pas, elle fut bientôt élevée à la préfecture, où
on l'a continué douze ou quinze ans à cause du grand avancement
qu'on avait vu sous sa conduite, encore qu'une pareille continua-
tion ne soit jamais faite aux autres. Enfin, cette bonne fille ne se
contentant pas de demeurer comme elle était, et voulant être religieuse, elle souhaita d'être carmélite, et son père se résolut de
faire tous ses efforts pour la doter, afin de lui donner ce contentement, parce qu'il ne lui pouvait rien refuser. Mais en ce temps
une congréganiste qui avait une forte pensée pour le Canada, vint
la trouver et lui dit fortement qu'il ne fallait pas qu'elle fut religieuse, mais qu'il fallait aller toutes deux servir Dieu dans la Nouvelle-France. Là-dessus elle la tourna tant et de tous côtés, qu'à
la fin elle l'obligea d'en parler à la supérieure de leur congrégation
qui étant une bonne religieuse, laquelle avait soin de toutes ses
congréganistes externes, dont *Marguerite Bourgeois*, vulgairement
nommée la sœur Marguerite, était préfette, car Dieu permit que
cette supérieure fut la propre sœur de M. de Maison-Neufve auquel
elle dit tout ce qui se passait dans l'esprit de sa préfette. M. de
Maison-Neufve ne l'eut pas plus tôt su qu'il désira de la connaître,
il ne l'eut pas plus tôt connue qu'il souhaita de ne pas perdre un
aussi illustre trésor, il fit tout ce qu'il put pour le conserver. Enfin,
elle résolut de passer et de venir cette présente année avec tout ce
monde que M. de Maison-Neufve amenait, où elle n'a pas reçu

une médiocre peine, car y ayant eu quantité de malades, elle les a tous servis en qualité d'infirmière avec un soin indicible, non seulement sur la mer mais encore à Québec. Mlle Mance ayant appris quelle était cette fille, commença à la caresser, et je dis beaucoup, en quoi elle avait bien raison, et qui se manifesta assez par les grands services qu'elle a rendus depuis à Dieu et au Montréal, surtout dans les instructions qu'elle a faites aux personnes de son sexe, à quoi elle a travaillé depuis incessamment et avec tant de profit que plusieurs autres bonnes filles se sont rangées auprez d'elle afin de la seconder, avec lesquelles depuis plusieurs années elle a fait ici un corps de communauté, laquelle a été depuis autorisée par lettres patentes du Roi ; ce que j'admire ici dedans est que ces filles, étant sans biens, soient si désintéressées, qu'elles veuillent instruire gratis et font beaucoup d'autres choses de cette manière, et que néanmoins par la bénédiction que Dieu verse sur le travail de leurs mains, elles aient sans avoir été à charge à personne, plusieurs maisons et lettres en valeur dans l'isle de Montréal, et que cette bonne sœur en divers lieux, vienne de faire comme elle a fait, un voyage de France de deux ans, dans lequel, sans amis ni argent, elle a subsisté, obtint ses expéditions de la cour, et revenue avec 12 ou 13 filles dont il y en avait bien peu qui eussent de quoi payer leur passage. Tout cela est admirable et fait voir la main de Dieu. Mais laissons là cette bonne fille, puisqu'aussi bien ce que nous disons de ce dernier voyage où elle a apporté ses patentes ne fait que de s'accomplir et n'appartient point à l'année dont nous traitons. Disons plus tôt que tout le monde que M. de Maison-Neufve amena cette année, étaient de bons et braves gens dont la pluspart a péri pour le soutien et défense du pays. M. de *St. André* eut l'honneur de lever ce monde sous M. de Maison-Neufve, dans les provinces d'Anjou, du Maine, de Poitou, de Bretagne qu'il avait été désigné pour cet effet. Ce qui nous reste aujourd'hui de ces gens-là, sont de fort bons habitants dont le nom sera, je l'espère, mentionné dans le *livre de vie* pour la récompense de leurs bonnes actions. Si la manière d'écrire les histoires me permettait de les nommer tous, je les nommerais joyeusement, parcequ'il y en a bien peu qui n'aient mérité leur place dans cette relation, mais puisque le discours historique ne m'accorde plus cette liberté, ils m'excuseront si je ne le fais pas, aussi bien cela ne leur produirait qu'un peu de fumée qui pourrait obscurcir la juste récompense qu'ils en attendent de celui pour qui ils ont travaillé. Enfin M. de Maison-Neufve ayant raconté toutes ces choses à Mlle Mance, et ayant laissé quelques jours ses soldats rafraîchir, demanda deux barques pour les monter au Montréal, dont celle de

Mlle Mance monta la première.   Mais il y eut bien des difficultés à faire marcher ses soldats, d'autant qu'on ne voulait pas les laisser aller sans que M. de Maison-Neufve dit qu'il les voulait avoir et qu'ils avaient trop coûté à la compagnie du Montréal pour en laisser aucun après lui ; ayant un poste aussi dangereux que celui qu'il avait à défendre, ce qu'il y avait de plus fâcheux en ceci était qu'on lui devait fournir des barques, et on ne lui en voulait point donner. A la fin il en trouva, et après avoir envoyé tout son monde, [1] il les suivit, ne voulant aller que le dernier de tous pour ne laisser personne après soi.

DE L'AUTOMNE 1653 JUSQU'A L'AUTOMNE 1654 QUE LES VAISSEAUX PARTIRENT DU CANADA.

Aussitôt que les troupes de l'an précédent furent arrivées, on commença à travailler de faire l'église de l'hôpital et accroître ses bâtiments, on réussit si bien à l'un et à l'autre que tout se fit avec diligence, M. de Maison-Neufve n'avait amené que de bons hommes pleins de cœur et d'adresse à faire ce que son cœur commandait. La nécessité de ces travaux, n'empêcha pas M. de Maison-Neufve de donner la permission à ces gens-là de se marier, à quoi donna un bon et heureux exemple le sieur Gervais, lequel a aujourd'hui une famille fort nombreuse qui a le privilége de marier avec le bas âge la vieillesse des mœurs ; c'est une famille de condition et de bonne odeur à tout le pays où la richesse de la vertu prévaut celle des biens de ce monde.   Les bâtiments, la culture des terres et les mariages, n'empêchaient pas qu'en ce lieu, on se tint si bien sur ses gardes, que les ennemis y avaient bien de la peine à nous y insulter.   Nous commençâmes dès lors à leur imprimer une certaine frayeur qui leur empêchait de s'avancer si avant dans nos desseins qu'ils le faisaient autrefois. Ce qui donna la liberté à Mlle. Mance de se retirer un petit printemps à l'hôpital qu'elle avait été obligée de quitter depuis quelques années et dont depuis elle n'a pas été contrainte de sortir pour la crainte des ennemis, qui l'y ont laissé jusqu'à présent en paix, afin de bénir Dieu qui lui a donné l'inspiration de contribuer comme elle a fait au secours de l'an dernier, où en sacrifiant une partie elle avait aidé à sauver le total, non seulement du Montréal, mais aussi de l'hôpital et de tout le pays ensemble.   Qui sait la désolation où il était lorsque ce

---

1 M. de Maison-Neufve paraît avoir amené en 1653, plus de 100 soldats recrutés en France.

secours arriva par M. de Maison-Neufve, ce qui est à remarquer ici
dedans, est que si elle acheta trop cher la terre en faveur de laquelle
elle donna le 22,000 livres afin de faire venir ce secours, il est vrai
que ni M. de Maison-Neufve, ni MM. du Montréal n'en ont paru
profité, qu'il n'y a eu que le public, et que Mlle. Mance qui a agi
avec autant de prudence que le marchand dans le danger, qui,
jette prudemment une partie de ses denrées pour sauver le reste ;
ce que on peut dire avec vérité, c'est qu'il a plus coûté à Messieurs
du Montréal, qu'à personne en cette affaire, et que partant au lieu
d'avoir nui, ils ont profité aux pauvres et à tous généralement.

DE L'AUTOMNE 1654 JUSQU'A L'AUTOMNE 1655, QUE LES VAISSEAUX
PARTIRENT DU CANADA.

Cet automne outre plusieurs combats qui se rendirent ici, il y
en a eu un qui fait connaître que les Iroquois sont bien faciles à
surprendre et qu'il faut bien être sur ses gardes pour n'en être
point attrapé, ayant la guerre contre eux : voici le fait. Un parti
de ces barbares se cacha dans les déserts à l'ombre des souches qui
y étaient, lorsque nos gens allaient au travail ; or comme il fallait
toujours être sur ses gardes, nos Français mirent une sentinelle
du côté d'où l'ennemi était à craindre ; cette sentinelle étant
postée, monta sur une souche afin de mieux découvrir, et comme
la souche était un peu grosse, cela lui donnait moyen de se tourner
tantôt d'un côté, tantôt de l'autre, afin de voir ce qui se passait
dans la campagne et s'il n'y avait point d'ennemis ; or à mesure
qu'elle tournait la tète d'un différent côté un certain Iroquois
s'avançait toujours de souche en souche, quand la sentinelle
regardait vers le lieu où il était, il ne branlait pas, si elle regardait
ailleurs, il s'approchait incontinent autant qu'il le pouvait sans
se faire découvrir ; enfin le renard vint si près du mal-perché,
que tout d'un coup sautant sur lui, il le prit par ses jambes sur ce
bois où il était monté, soudain il le chargea sur ses épaules et
s'enfuit avec ce fardeau tout de même qu'un voleur emporterait
un mouton ; il est vrai que ce prisonnier criait plus haut et se
débattait d'une autre manière, enfin cet innocent voyant après
s'être bien débattu que ce sauvage était fort, il se laissa porter
sans réjimber davantage à la boucherie où il fut bientôt payé de
son peu de précaution à découvrir, rien de plus étonné que nos
gens lorsqu'ils entendirent leur brebis bêler et le loup l'emporter,
on voulait courir sur cet épervier et lui faire lâcher prise, mais il
fut bientôt secouru par un nommé La Barique qui commandait

le parti Iroquois, lequel fit tout d'un coup faire bride en main à
nos gens et demeurer sur une défensive où ils eussent été battus
sans que M. le Major vint au secours, lequel voyant que *la Barique*
était le principal soutien de nos ennemis, il commanda à un fort
bon tireur qu'il avait auprès de lui, de percer au plus tôt ce
tonneau d'un coup de fusil afin qu'en ayant tiré le jus, les ennemis
ne s'en pussent davantage prévaloir et fortifier. Cet homme commandé ne manqua pas son coup et fit son approche sur ce personnage, lequel était monté sur une souche où il exhortait ses gens
et leur disait ce qu'ils devaient faire dans le combat, comme si
c'eut été un Européen. Notre Français étant parvenu à la portée
raisonnable de son fusil, il en frappa si droit et si rudement La
Barique qu'elle en tomba par terre et commença à ruisseler de
toutes parts à cause que le fusil était chargé de gros plombs et
qu'il le reçut quasi tout dans son corps ; les ennemis furent si
découragés par la perte de cet homme qu'ils croyaient mort qu'ils
s'enfuirent aussitôt et nous laissèrent maître du champ, cela fait,
on l'emmena ici. Lorsqu'il fut revenu à soi, sa cruauté se changea
totalement par la douceur qu'on lui fit paraître en le guérissant
autant qu'il se pouvait ; il est vrai qu'il en est demeuré extrêmement estropié et inhabile à tout, mais il a vu qu'il n'a pas tenu
aux Français s'il n'a pas été complètement remis, c'est pourquoi il
a été tellement gagné par cette humanité que depuis, il a pris
toujours nos intérêts fort à cœur, ce qui n'a pas empêché que
ses amis qui le croyaient mort ne nous fissent cruellement la
guerre pour s'en venger, entre autres son frère, qui était tellement
acharné sur nous, à cause de lui, que tous les jours nous l'avions
sur les bras, même une fois, il fit quatre attaques différentes dans
une journée afin de se venger, mais à la dernière ayant ouï la
Barique qui l'appelait et qu'on avait porté exprès sur le lieu du combat, il lui cria : " Est-ce toi, mon frère, es-tu encore en vie ? "--" Oui,
lui dit-il, et tu veux tuer mes meilleurs amis." A ces mots, il vint à
lui doux comme un agneau et promit de ne nous jamais faire la
guerre : il dit qu'il allait promptement chercher tous les prisonniers
Français qu'il y avait dans leur pays, qu'il allait travailler à la paix
pour revenir dans un certain temps qu'il marqua afin de la conclure. Tout ce qu'il promit, il le garda, hormis que n'ayant pu
résoudre les esprits de ses camarades aussi vite qu'il l'avait promis,
il fut obligé de retarder plus qu'il ne l'avait dit ; mais dans ce
retardement, il arriva une affaire qui rendit souple tous ses gens
là à tout ce qu'il voulait d'eux. Voici comme la chose se passa. Les
Iroquois ayant ce printemps détruit l'*Isle aux Oies* et tout ce qui
s'y rencontra hormis les petits enfants de Messieurs *Moyen* et *Macar*,

une partie d'entre eux emmena dans leur pays ces petits prisonniers et le reste nous vint faire la guerre en cette Isle, où ils firent
plusieurs attaques et entrèrent en plusieurs pourparlers avec le
sieur de la Barique que l'on portait toujours sur les lieux afin de
leur parler, cet homme ne put jamais réduire à la raison ces animaux féroces : toujours ils tendirent à faire quelque méchant
coup, il est vrai que Dieu nous assista bien, puisque pendant qu'ils
furent ici à nous faire des embuscades, jamais ils ne nous tuèrent
qu'un homme nommé d'Aubigeon. Peu après ce meutre, ils en
furent bien châtiés, car ils tombèrent à notre discrétion, ce qu'ils
firent ainsi. Ce mœurtre étant commis, ils passèrent de l'autre
côté du fleuve et envoyèrent ensuite quelques uns d'entre eux,
feignant vouloir parlementer et être de ces nations qui n'avaient
jamais eu de démêlés avec nous, feinte dont ils ont usé en plusieurs
de leurs trahisons passées et qui leur était ordinaire, mais en même
temps, M. Lemoine revenant de Québec dit à M. de Maison-Neufve :
" Voila des gens qui ont fait un tel coup à l'Isle aux Oies, qui ont
tué d'Aubigeon et qui veulent encore nous trahir. Il faut les
prendre, car ce sont des fourbes et des menteurs." Afin de les atta
quer, Mr. de Maison-Neufve leur fit crier que le lendemain, ils
vinrent parlementer : cela dit, ils se retirent de l'autre côté de l'eau
sans s'approcher plus près ; le lendemain venu, voici deux Iroquois qui paraissent dans un canot avec un petit Anglais au milieu,
ils viennent un peu hors la portée du mousquet du château. Alors
M. le Gouverneur voulut envoyer à eux plusieurs personnes, mais
M. Lemoine l'en empêcha lui disant qu'ils s'enfuieraient et que s'il
voulait, il irait tout seul à eux dans un petit canot de bois avec deux
pistolets cachés au fond de son canot, que dans cet état, il irait
aborder sur la même bature où ils étaient ; qu'étant seul de la
sorte ils le laisseraient venir sans se défier, qu'étant sur eux, il se
leverait tout d'un coup avec ses pistolets, et qu'ayant pris le dessus,
il leur ferait prendre malgré eux le courant qui vient vers le
château ; quoique la proposition fut hardie, elle fut néanmoins
acceptée, mais pour en faciliter l'exécution, M. le Gouverneur fit
glisser des mousquetaires le long de l'eau jusque vis-à-vis les Iroquois, lesquels étaient assez proches de terre, ces mousquetaires
ne se montrèrent que quand il fut temps, ce qui aida à bien réussir
ainsi qu'on l'avait projetté. Ces Iroquois étant logés, comme ils
étaient considérables, un de leurs capitaines nommé La Plume
parut aussitôt avec menace qu'il se vengerait si on ne lui rendait
ses gens. On lui dit que ses gens étaient bien et qu'il les pouvait
venir voir, mais à ces paroles en menaçant, il répondit qu'il y
viendrait d'une autre manière, sur quoi il se retira de l'autre côté

du fleuve où nos Français résolurent de l'attaquer la nuit suivante avec la permission de M. de Maison-Neufve, mais un capitaine Iroquois, qui ne participait en rien à leur trahison et qui était ici, voyant les préparatifs s'en faire, pria qu'on n'en fit rien, ce qu'on lui accorda parcequ'on l'aimait. Le lendemain cet homme alla voir Laplume et les autres afin de tout pacifier et avoir tous les esclaves Français comme nous le souhaitions, ce qui lui fut refusé absolument, et peu après que les nouvelles en eurent été rapportées au château, voilà que tous les Iroquois en plein midi traversent à notre barbe de notre côté afin de nous venir escarmoucher, mais M. de Maison-Neufve ne leur en donna pas le temps, car il commanda au major de les aller charger sur le bord du rivage où il les voyait aborder, ce qui se fit si heureusement que M. Lemoine lui quatrième prit le commandement, lui cinquième, sans qu'il osât tirer aucun coup, parce qu'ils leur mirent le fusil dans le ventre auparavant qu'ils les eussent aperçus. Quand au reste des Iroquois, ils furent mis en fuite et en déroute par M. le Major. Ces barbares voyant qu'on leur avait oté la meilleure plume de leur aile, commencèrent à ramper et à demander la paix avec toutes sortes de soumissions, ce qui fut moyennée par l'ambassadeur que nous avons ici ; lequel dit que le célèbre *La Grand'Armée*, grand capitaine Aniez, venait en guerre, qu'il s'en allait au devant de lui, et qu'aussitôt qu'il lui aurait appris les capitaines que nous avions pris il lui ferait faire ce que nous souhaiterions. Il s'en alla et rencontra la *Grand'Armée* avec un parti d'Aniez, les plus lestes et mieux faits qu'on eut encore vus ; quand il l'eut trouvé, il lui dit : " Vous allez en guerre, et vous ne savez pas que tels et tels de nos capitaines sont captifs au Montréal, et que faisant quelques coups vous allez les faire tuer par les Français." Ces paroles firent tout d'un coup échouer ces grands desseins et penser uniquement à la paix ; que cet ambassadeur dit qu'il l'obtiendrait s'il la demandait aux Français qui étaient bons ; cet avis lui fit faire un beau et grand pavillon blanc au derrière de son canot ; en cette équipage il passa en plein jour devant le Montréal, mit pied à terre un peu au dessus ; vint parlementer et demanda qu'on lui fît venir les prisonniers, ensuite les ayant vus, il proposa la paix pour les ravoir ; on lui dit qu'on l'acceptait pourvu que l'on ramena tous les prisonniers Français ; ce que faisant, on leur rendrait les leurs. Il donna parole de le faire dans un certain temps, à quoi il fut fort ponctuel, il ramena les quatre enfants de Messieurs Moyen et Macar, Messieurs de St. Michel et Trottier avec le nommé *La Perle* qu'on avait perdu au Trois-Rivières sans espérances de le ravoir, et autres, enfin on leur fit rendre tous les captifs de ce pays ; au

reste, comme ces deux familles des Moyen et des Macar étaient
considérables, le pays reçut en ceci un grand bienfait du Montréal,
ces enfants là étant les plus considérables du Canada, ce qui se voit
par les alliances, car Mlle. Moyen a épousé un capitaine de condition et de mérite appelé Mr. Dugué, lequel a été épris d'elle
par les charmes de sa vertu. Mlle. Macar l'aînée a épousé Mr.
Bazile, l'un des plus riches du Canada; la cadette sa sœur qui est
morte avait épousée un brave gentilhomme nommé Mr. de Villiers.
En même temps que les Iroquois nous eurent rendu nos prisonniers,
nous leur remîmes les leurs et nous conclûmes une paix, laquelle
a duré un an tout entier; que si le Montréal a servi en ces paix,
pourparlers et trèves, c'est toujours à ses dépens, non-seulement à
cause de la vie qu'on y exposait afin d'y obliger les ennemis, mais
encore à cause des dépenses qu'il fallait faire pour cela, tant en
voyages de Kébecq que présents et autres choses, car dans les
premiers temps on était là-bas habile à recevoir et non pas à donner;
s'il fallait faire un présent, c'était à Messieurs du Montréal à le faire,
si on en recevait quelqu'un, il ne fallait pas le retenir mais le faire
descendre, ainsi on a toujours eu la gloire de servir au pays en
toutes manières avec un détachement parfait.

DE L'AUTOMNE 1655 JUSQU'A L'AUTOMNE 1656, AU DÉPART DES NAVIRES DU CANADA.

Il s'est passé si peu de choses durant cet an entre les Iroquois et
nous, qu'il y a peu de choses à donner au public, à ce sujet; ce
qu'on peut dire, c'est que pendant cette année on avance merveilleusement les habitations, car encore que l'on craignit la trahison
de ces barbares, néanmoins on savait bien que l'on ne serait pas
attaqué si peu que l'on fut sur ses gardes, et qu'ils ne commence-
raient jamais à rompre la paix s'ils ne voyaient à faire quelque
coup sans se mettre au hazard; c'est pourquoi, on allait hardiment
quand on était un peu en état où l'on eut pas osé paraître avec un
grand nombre; c'est ce qui donnait lieu, pendant ces paix forcées,
à faire des découvertes qui servaient pendant les temps de guerres.
Ce qui est remarquable en ce chapitre, c'est que les Iroquois ayant
toujours la guerre avec les *Hotaouads et Hurons*, quoiqu'ils fussent
en paix avec nous, ils firent un furieux massacre de ces gens au
mois d'aout de cette année, où en outre le père *Garneau* fut tué ici
près d'un coup de fusil; après quoi aussitôt que ce meurtre fut fait
au dessus, ce bon pere fut rapporté au Montréal et y mourut peu
après. Comme je n'écris l'histoire du Montréal qu'à cause qu'on en

a quasi parlé, on me dispensera de rapporter au long ce qui regarde ce saint homme, d'autant que les Révérends pères Jésuites n'auront pas manqué de s'acquitter de leur devoir à l'égard de ce digne confrère au sujet duquel je dirai seulement, qu'heureux le serviteur de Jésus-Christ qui meurt comme lui exposé actuellement pour le service de son maître. Sur la fin de cette année, on eut au Montréal, l'affliction du départ de M de Maison-Neufve pour la France. Il est vrai que comme il n'y allait que pour le bien du pays, que comme cette Isle recevait toujours de grands biens dans tous ses voyages, l'espérance du bonheur qu'on croyait devait accompagner son retour, n'était pas une médiocre consolation pour radoucir l'amertume de son départ. Toujours il avait de grands desseins; et jamais cette planète ne s'éclipsait de son Montréal, sans qu'elle y ait paru par après avec l'éclat de quelque nouvelle conquête; que si cela s'est vérifié dans tous ses autres voyages, cela se vérifie d'autant plus avantageusement dans celui-ci, que l'âme surpasse le corps et le spirituel le temporel en dignité. Jusqu'ici son principal but était de grossir cette colonie par le nombre des hommes dont il moyennait la venue. Maintenant il veut y établir un clergé pour la sanctification des peuples; c'est pour cela qu'il passe la mer et expose sa vie en ce nouveau trajet, encore qu'il feignit un autre sujet pour son voyage. Il jugea ne devoir pas retarder ce dessein pour deux raisons : la première, parceque les Révérends pères Jésuites se trouvaient pressés de toutes parts pour les missions étrangères et éloignées des sauvages qui sont écartés dans les bois, ce qui lui faisait craindre assez souvent de n'avoir pas toujours l'assistance spirituelle qu'il aurait souhaité et qu'ils auraient bien désiré lui donner sans ces conjectures; secondement, le souvenir des desseins de M. Ollier et de tous les messieurs associés, qui avaient toujours eu la vue sur Messieurs du séminaire de St. Sulpice, ainsi qu'ils le lui avaient déclaré, lui fit croire qu'il ne pouvait procurer trop à cette Isle la venue des Ecclésiastiques de cette maison, à cause des biens spirituels et temporels qu'ils y pouvaient faire. Ayant bien pesé toutes ces choses, il les proposa à Mlle Mance, laquelle étant de son même sentiment, il se détermina d'aller trouver cette année feu M. Ollier, l'illustre fondateur du séminaire de St. Sulpice afin de lui demander des messieurs de son séminaire pour le soin de cette isle, comme aussi de faire intervenir messieurs les associés de la compagnie afin de réussir dans sa demande. Que la providence de Dieu est admirable, elle avait choisi ce lieu pour être le sépulcre et pour y enhumer à ce monde plusieurs des enfants de ce digne fondateur et de les faire mourir aux douceurs de l'Europe.

Pour cela, dès l'an 1640, nous avons vu qu'il s'adressa à feu M. de la Doversière et le fit acheter ici un endroit de sépulture pour ces cent louis d'or dont nous avons parlé, qui furent les prémices de l'argent donné pour le Montréal. La providence a fait faire à feu M. Ollier en cette rencontre, comme autrefois elle fit à Abraham lorsqu'elle le fit acheter 40 cicles ce tombeau qu'il acheta des ....pour toute sa lignée. Ce bonheur de mourir aux vains appas de la terre est bien grand ; il ne faut pas s'étonner si Dieu n'a pas voulu donner gratis le lieu où cette mort se devait s'opérer et s'il en a voulu être payé par des mains qui étaient si aimables que celles de ce bon fondateur, et que même depuis, il en avait voulu fixer jusqu'à ce jour tant d'autres sommes d'argent, tant par lui que par ses enfants, sans parler des dépenses prodigieuses que messieurs les associés ont fait autrefois ; mais laissons tout ce que nous pourions dire sur ce sujet, et disons que M. de Maison-Neufve faisant le trajet pour cette sainte entreprise, laissa le commandement au brave M. Close qui s'acquita de cet emploi pendant toute l'année au contentement d'un chacun, faisant voir à tous qu'il savait et qu'il méritait de commander.

DE L'AUTOMNE 1656, JUSQU'A L'AUTOMNE 1657 AU DÉPART DES VAISSEAUX DU CANADA.

Le 27 du mois de janvier, il arriva ici un grand malheur à Mlle Mance, laquelle se rompit et se disloqua le bras tout en même temps d'une étrange façon, sans que les chirurgiens pussent trouver moyen de le rétablir, mais ce qui n'était pas possible aux hommes, s'est trouvé depuis facile à la main du Tout-Puissant, laquelle avait permis ce malheur afin de mettre la mémoire de feu M. Ollier en vénération, par l'effet miraculeux de cette guérison jugée de tous incurable, soit en Canada, soit en France, ce que nous verrons dans son lieu. En attendant, accompagnons un peu Mr. de Maison-Neufve dans son voyage, et le voyons convier MM. les associés à demander à feu M. Ollier qu'il envoyât des ecclésiastiques à Montréal, proposition qui fut si bien reçue que tous jugèrent qu'il l'en fallait presser fortement, mais on n'y eut pas grand peine, car Mr. de Maison-Neufve, allant trouver Mr. Ollier, après s'être entendu avec lui de toutes ces choses, il le pria de se ressouvenir d'une lettre que Mlle. Mance lui avait écrite l'an dernier, laquelle l'avertissait qu'il était temps d'exécuter tous les beaux projets qu'il avait fait pour le Montréal, qu'il ne devait pas retarder

davantage à lui envoyer des ecclésiastiques de son séminaire ; Le
zélé serviteur de J. C. ne pouvant refuser telles propositions les
accepta d'abord, il eut bien voulu venir se sacrifier lui-même tout
accablé qu'il était et près de son tombeau par ses mortifications et
austérités extraordinaires, mais n'y ayant de possibilité, à la chose, il
jeta les yeux sur Mr. l'abbé *Quélus*, sur Mrs. *Souart* et *Gallinier* et Mr.
Dallet, qui tous quatre acceptèrent le parti avec autant d'obéissance
et de zèle qu'on en saurait souhaiter. Le temps étant venu de partir,
chacun plia la toilette avec autant de diligence et de promptitude,
qu'Isaac plia son fagot, s'en allant vers ce lieu qu'on regardait pour
celui de son sacrifice. Quant à Mr. l'abbé de Quélus auquel l'assem-
blage du clergé avait voulu auparavant procurer une mitre pour
venir ici prêcher l'évangile, il n'y vint pas avec moins de joie sous
une moindre qualité. Voyant que la plus grande gloire de Dieu ne
s'était pas trouvé conforme à celle que l'on avait eu de l'honorer
du bâton pastoral. La conduite de Dieu est admirable en toutes
choses ; Mr. de Maison-Neufve et Mlle. Mance se disaient d'années
en années, il faut demander des ecclésiastiques à M. Ollier avant
qu'il meurt, même il ne faut pas beaucoup tarder, car tous les ans
on nous mande qu'il se porte mal. Ils se disaient assez cela tous
deux ensemble, mais pour cela, ils n'en poursuivaient point l'exécution ; il n'y eut que cette année qu'ils entreprirent cela chaude-
ment.—Voyons un peu comment il était temps de le faire ; incontinent que ces quatre messieurs furent partis, Mr. Ollier mourut,
ils partirent en carême et il mourut à Pâques ; s'il fut mort plus
tôt, peut-être que l'ouvrage serait encore aujourd'hui à entreprendre, même si ces quatre messieurs eussent différé le carême à
partir, n'ayant point été engagés dans ce voyage qu'ils ne pouvaient
honnêtement abandonner après s'y être mis; apparemment ils ne
seraient pas partis ; voyant cette mort arrriver, mais la providence
qui veillait sur son serviteur exécuta ses desseins, avant que d'en
sortir voulut qu'il commença l'exécution de celui-ci et le mit en état
d'être poursuivi avant que de l'attirer à soi ; — jusques alors, il avait
été servi de lui par tous les coins de la France, mais pour dilatter
son cœur davantage et donner des espaces à l'excès de son amour,
il voulut le porter par ses enfants, avant sa mort, jusques dans
les pays étrangers, il ne voulut lui faire cette grâce qu'à la mort
parce qu'il voulait que l'arrivée de ces quatre ecclésiastiques
du séminaire de St. Sulpice fut un témoignage authentique au Montréal de l'intime amour que lui portait son serviteur, par le legs pieux
qu'il lui faisait de ses enfants pour le servir après lui, Dieu seul
sait combien ces quatre Missionnaires Evangéliques furent affligés ;
étant encore à Nantes, avant de faire voile, ils apprirent la fâcheuse

nouvelle de ce décès, mais enfin comme ils étaient dans le dessein de mourir à tout pour Dieu, ils ployèrent le col comme des victimes qui n'allaient pas pour éviter le sacrifice. Pour cela, ils ne tournèrent pas la tête en arrière, ils suivaient toujours M. de Maison-Neufve comme celui qui les devait mener dans cette bonne terre pour être le champ de leurs combats aussi bien que le théâtre de leurs triomphes. Quand ce fut le temps de partir, ils montèrent tous gaiement dans le vaisseau et se disposèrent à affronter généreusement pour Dieu les plus élevés flots de la mer, il est vrai que au commencement, elle sembla être la maîtresse et fit mal au cœur à plusieurs, mais la partie supérieure qui dans les âmes généreuses et chrétiennes ne cède pas volontiers aux souffrances corporelles, devint la maîtresse par la vertu de la patience qui les fit triompher de toutes les peines et hazards de la mer. Il est vrai que Dieu les assista bien dans ce voyage et que par une protection de sa main, il les délivra de plusieurs grands et imminents périls dans lesquels ils devaient faire naufrage ; mais enfin le ciel qui les destinait à toute autre chose, les délivra de tous ces accidents ; et les ayant mis dans le fleuve St. Laurent, ils naviguèrent heureusement vers Québec ; ce qui ne se fit pas sans goûter auparavant des rafraîchissements de ce pays, parce que le père *Deguan*, les Rev. Pères Jésuites et Mr. d'Aillebout ayant su leur venue, ils s'en allèrent au devant d'eux jusqu'à l'Isle d'Orléans où ils les régalèrent avec des témoignages d'une si grande bienveillance que cela les obligea de venir passer quelques jours à Québec avant de monter au Montréal, contre la résolution qu'ils en avaient faite ; quoi plus on complimenta Mr. l'abbé Quélus sur les lettres de grand Vicaire, qu'on savait qu'il avait ou qu'on présumait avoir de Mgr. L'Archevêque de Rouen. Ayant reçu leurs compliments et civilités sur ce sujet, il fut convié surtout par un des Révérends Pères Jésuites de s'en vouloir servir pour Québec, ce qu'il ne voulait pas faire d'abord, mais enfin il acquiesca aux instances, il n'y avait rien de plus doux dans un pays barbare comme celui-ci que d'y voir de si belles choses ; mais un temps si serein, ne fut pas longtemps sans se brouiller, les tonnerres commencèrent à gronder et nos quatre nouveaux missionnaires ne s'enfuirent pas pour être menacés. Ils se regardèrent comme des novices sous le père maître et se résolurent de souffrir tout au long les rigueurs de leur noviciat. Laissons-les tous sur la croix, avec le Père *Poner*, très-digne religieux de la compagnie de Jésus, ne disons rien de leurs peines afin que le ciel découvrant un jour toutes choses à la fois, fasse voir en même temps la sincérité d'un chacun dans son procédé, et la raison pourquoi il a permis tout ce qui s'est passé. J'espère que

nous verrons que comme tous ont eu bonne intention, que tous
aussi en auront des récompenses, tant ceux qui auront jeté les
balles que ceux qui les auront reçues. Quand à ce qui est du reste
des choses qui regardent le Montréal, nous n'avons rien à vous en
dire pour cette année, si ce n'est la joie singulière qu'on y reçut
de voir ces quatre messieurs, mais cette satisfaction ne dura pas
longtemps et fut bientôt mélangée de tristesse par la venue du R.
P. Pauset qui fit descendre Mr. l'abbé de Quélus à Québec afin d'y
exercer les fonctions curiales.

DEPUIS L'AUTOMNE 1657, JUSQU'A L'AUTOMNE 1658, AU DÉPART DES VAISSEAUX DU CANADA.

Nous avons une histoire bien funeste pour commencer cette
année, si toutefois nous pouvons trouver quelque chose qui puisse
être commencé de la sorte entre les gens de bien, la chose arriva
ainsi : Le 25 octobre 1657, un excellent menuisier nommé Nicolas
Godet que la compagnie du Montréal avait fait venir ici avec toute
sa famille par Normandie dès l'an 1641, son gendre nommé Jean
St. Père, homme d'une piété aussi solide, d'un esprit aussi vif et
tout ensemble, dit-on, d'un jugement aussi excellent qu'on ait vu
ici, furent cruellement assassinés à coup de fusils avec leur valet,
en couvrant leurs maisons, par des traîtres Iroquois, qui vinrent
parmi nous, comme n'ayant plus de guerre les uns avec les autres depuis cette paix dernière et solennelle, dans laquelle ils nous avaient
rendu nos gens et nous leur avions remis ceux des leurs qui étaient
dans nos prisons. Certes cette perfide rupture nous fut bien fâcheuse,
car il est bien difficile de retrouver des gens tels que nous les
perdons, il est bien sensible de voir périr les meilleurs habitants
qu'on ait par des lâches infâmes qui après avoir mangé leur pain,
les surprennent désarmés, les font tomber comme des animaux de
dessus le couvert d'une maison ; au reste le ciel trouva cette action
si noire, que ces barbares s'enfuyant ici trop vite pour recevoir la
punition de leur crime, il les punit par des reproches qu'il tira de
la langue d'un de ceux qu'ils avaient tués ; ce que j'avance est un
dire commun qui prend l'origine de ces mêmes assassinateurs,
lesquels ont assuré que la tête de feu St. Père qu'ils avaient coupée
leur fit quantité de reproches en l'emportant, qu'elle leur disait en
fort bon Iroquois, quoique ce défunt ne l'entendait pas de son
vivant ; " Tu nous tues, tu nous fais mille cruautés, tu veux
anéantir les Français, tu n'en viendras pas à bout ; ils seront un

jour vos maîtres et vous leur obéirez, vous avez beau faire les méchants ; " Les Iroquois disent que cette voix se faisait entendre de temps en temps le jour et la nuit à eux, que cela leur faisant peur et les importunant, tantôt ils la mettaient dans un endroit et tantôt dans un autre ; que même parfois, ils mettaient quelque chose dessus pour l'empêcher de se faire ouïr, mais qu'ils ne gagnaient rien, qu'enfin ils l'écorchèrent et en jetèrent le crâne de dépit, que toutefois, ils ne laissaient pas d'entendre la voix du côté où ils mettaient la chevelure, que si cela est, comme il n'y a pas d'apparence que ceci soit une fiction sauvage, il faut dire que Dieu sous les ombres de ce mort voulait leur faire connaître en leur faisant ces reproches ce qui a arrivé depuis, que si on en veut douter, je donne la chose pour le même prix que je l'ai reçue de personnes dignes de foi, entre lesquelles je puis dire que la dernière qui m'en a parlé et qui me dit l'avoir ouï de la propre bouche de ces Iroquois est un homme d'une probité très-avancée, qui entend aussi bien la langue sauvage que je puis faire du Français ; cela étant, j'ai cru devoir vous rapporter la chose dans l'ingénuité qu'on y peut remarquer et je croirais manquer si je la laissais dans l'obscurité du silence. Depuis ce désastre arrivé, on recommença mais un peu trop tard à se mettre sur ses gardes et à ne pas souffrir les Iroquois plus proche que la portée du fusil, ce qui fit qu'ils gagnèrent fort peu sur nous le reste de cette année, et que tout ce qu'ils firent tourna à leur désavantage. Le petit printemps nous fournit une histoire qui mérite d'avoir ici son lieu et sa place ; ce fut l'arrivée de 50 Français, lesquels arrivèrent ici le 3 avril sous le commandement de *Mr. Dupuys*, à la conduite des RR. PP. Jésuites qui avaient été obligés de quitter la mission de *Onontahi* crainte d'être cruellement brulés par ces barbares ; plusieurs de leurs gens moins disposés à ce genre de mort et à toute autre qu'il plairait à la providence d'envoyer, en eurent une telle frayeur qu'ils n'en furent guéris qu'à la vue du Montréal, lequel a fait plusieurs fois de semblables miracles ; au reste tout ce monde arrivé on tâcha de leur faire les meilleures réceptions qu'il fut possible et pour tâcher d'y réussir, on les sépara et on mit une partie au château et l'autre en cette communauté, à laquelle on accorda la grâce d'y précéder les RR. PP. Jésuites ; depuis cette flotte arrivée ici, il ne se passa rien qui mérite d'être écrit jusqu'aux nouvelles de France, lesquelles apprennent que le tonnerre qui avait menacé l'an dernier nos quatre missionnaires comme nous avons vu, avait fait grand bruit en plusieurs endroits du royaume, ce qui fit que Mr. l'abbé de Quélus quitta Québec pour venir consoler le Montréal de sa présence, et il y vint demeurer au grand contentement de tout le

monde mais surtout de messieurs *Souart* et *Gallinier* qui ne crai-
gnirent pas de s'avancer bien loin dans les bois sans crainte des
ennemis, afin d'aller au devant de sa barque pour lui témoigner la
joie qu'ils avaient de son retour. Or Mr. l'Abbé de Quélus étant au
Montréal, aussitôt Mlle. Mance qui était depuis 18 mois estropiée
d'un bras par l'accident que nous avons marqué, lui dit : " Mr.
voilà que mon bras s'empire au lieu de se guérir, voilà qu'il est
déjà quasi tout desséché et me laisse le reste du corps en danger
de quelque paralysie ; je ne le puis nullement remuer, même on
ne peut pas me toucher sans me causer les plus vives douleurs, cet
état m'enbarrasse fort, surtout en me voyant chargé d'un hôpital,
auquel je ne puis subvenir dans l'incommodité où je suis et l'état où
je me vois obligée de rester pour le reste de mes jours, cela étant,
voyez ce qu'il serait à propos que je fasse, ne serait-il pas bon que
j'allasse en France trouver la fondatrice tandis qu'elle est encore
vivante et que parlasse à Messieurs de la compagnie du Montréal
afin d'obtenir de la fondatrice, s'il se peut, un fonds pour des religieuses, puisqu'aussi bien la compagnie du Montréal n'est pas présentement en état de faire cette dépense avec les autres que ce lieu
requiert, je ne puis plus vaquer aux malades ; que si je puis réussir,
j'amènerai de ces bonnes religieuses de la Flèche, avec lesquelles
feu Mr. Ollier et les autres associés ont il y a déjà longtemps passé
un contrat pour le même dessein ; qu'en dites-vous, Monsieur ? "
" Vous ne pouvez mieux faire, " lui dit-il : témoignant beaucoup de
joie et de cordialité là-dessus.   De là à quelque jours, Mr. Souart
part pour Québec, Mr. L'abbé lui ayant dit qu'une des mères Hospitalières de ce lieu là avait grand besoin d'air, que comme c'était
une personne de mérite, il fallait tâcher de lui sauver la vie, qu'il
ferait bien de descendre pour cela, parce que ayant la connaissance
de la médécine outre son caractère sacerdotal, aussitôt qu'il donnerait son suffrage à ce qu'elle monta ici pour changer d'air, on ne
manquerait pas de la faire venir ; ce bon Monsieur ayant ouï ce
discours, se disposa de partir au plus vite, pressé par cette même
charité qui sans lui donner le loisir de réfléchir le porte tous les
jours chez les malades afin de les assister quand qu'il en est requis,
selon que Sa Sainteté a trouvé bon de lui permettre, si ce Monsieur
descendit promptement à Québec, il remonta encore au plus vite
au Montréal avec cette bonne religieuse malade et une de ses compagnes.   Ces deux bonnes religieuses étant à terre, Mr. l'abbé de
Quélus qui n'avait pas manqué à dire la raison pour laquelle
il avait envoyé Mr. Souart à Québec, soudainement vint avertir de
tout ceci Mlle. Mance qui ne savait pas ce qui se passait lui disant,
" Voilà deux bonnes filles Hospitalières qui arrivent parceque l'une

d'elle a besoin de changer d'air ; elles vous vont venir saluer
et demander le couvert ; " après cela, ces deux bonnes filles
entrèrent ; auxquelles cette bonne demoiselle un peu interdite
fit la meilleure réception qu'elle put, ensuite de quoi elle leur
dit agréablement : " Vous venez, mes mères, et moi je m'en vais : "
Que si cette repartie d'esprit, fit voir son soupçon, cela lui était
bien pardonnable d'autant que l'innocence de cette conduite eut
paru un peu jouée à beaucoup d'autres ; Après avoir causé quelque
temps avec elle, elle prit son temps pour aller voir Mr. de Maison-
neufve, lequel croyant qu'elle avait fait venir ces deux religieuses,
était étonné de ce qu'elle ne lui en avait rien dit, c'est pourquoi il
la regarda un peu froid, surtout parcequ'il soupçonna quelque
dessein d'établissement contre le contrat que feu M. Ollier avait
fait conjointement avec les associés en faveur des religieuses de la
Flèche ; mais un peu d'éclaircissement lui ayant fait connaître
qu'ils n'étaient pas plus savants l'un que l'autre en cette matière et
que ces bonnes filles ne venaient que pour prendre l'air afin de se
guérir, ils se mirent à rire de la fausse alarme, se séparèrent bons
amis, et Mlle. Mance s'en retourna trouver ses chères hôtesses, avec
lesquelles elle fut deux jours et deux nuits, après lesquelles elle les
laissa dans sa maison de l'hôpital et s'embarqua pour la France,
toute remplie d'un religieux amour vers ces deux bonnes et pieuses
filles aussi bien que pour toute leur maison où Dieu est admirablement bien servi, d'où elle aurait bien voulu dérober pour toujours un aussi riche trésor que ces deux hôtesses, sans que les filles
de la Flèche auxquelles elle pensait uniquement à cause de l'élec-
tion qui en avait été faite.   Etant à Québec, elle y resta 8 jours à
l'hôpital où elle fut fort régalée en témoignage de reconnaissance
du bon accueil qu'elle avait faite à leurs sœurs au Montréal, ensuite
de quoi elle s'embarqua, pour ne mettre pied à terre que dans
l'Europe.

DE L'AUTOMNE 1658 JUSQU'A L'AUTOMNE 1659 AU DÉPART DES
NAVIRES DU CANADA.

Le Montréal ne nous fournit pas de matières fort considérables
jusqu'à l'arrivée des vaisseaux de cette année, d'autant que chacun
se tint si bien sur ses gardes à cause de la guerre, que l'on se para
de l'embuscade de l'ennemi, ce que nous pouvons dire seulement,
c'est que Messieurs du Séminaire de St. Sulpice ayant pris deux
terres, aux deux extrémités de cette habitation, cela servit grandement à son soutien à cause du grand nombre de gens qu'ils avaient

eu l'un et l'autre de ces deux lieux qui étaient les deux frontières
de Montréal ; Il est vrai qu'il leur en a bien coûté, surtout les deux
premières années à cause d'une pieuse tromperie que leur fit Mr.
de la Doversière, qui sachant la nudité où tous les habitants étaient
alors, leur dit qu'ils n'auraient pas besoin de mener beaucoup de
gens, qu'ils en trouveraient assez au Montréal pour faire leurs travaux, qu'ils n'avaient qu'à bien porter des étoffes et des denrées,
que moyennant cela, ils feraient subsister les habitants du lieu et
feraient faire en même temps ce qu'ils voudraient : Il est vrai que
l'intention fut bonne, car ils trouvèrent un chacun ici dans un tel
besoin de ces deux choses que sans ce secours, il n'y eut pas eu
moyen d'y résister ; La providence est admirable qui prévoit à
tout ; Pour les autres années ces messieurs firent venir une quantité de domestiques à cause de la grande chèreté des ouvriers qui
dans la suite n'ayant pas de si mauvaises années ont été bien aise
de travailler plus pour soi que pour autres ; puisque le Montréal
se trouve ici pauvre en ce qui regarde l'histoire ; passons un peu
en France et voyons s'il ne s'y fait rien à son sujet qui nous donne
lieu de nous entretenir, surtout voyons ce qui arriva à Mlle. Mance,
et disons ce qui lui arriva pendant le séjour qu'elle y fit, ce qui se
passa de la sorte. Elle ne fut pas plus tôt à Larochelle que prenant
un brancard à cause que l'état où était son bras ne lui permettait
pas une autre voiture, elle alla droit à la Flèche trouver Mr. de la
Doversière qui lui fit un visage fort froid, à cause de quelques mauvais avis qu'on lui avoit donné du Canada, appuyé de cette
nouvelle, il croyait que cette demoiselle venait lui faire rendre
compte afin de se détacher de la compagnie et qu'elle vouloit
d'autres filles pour l'assistance de l'hôpital du Montréal que celles
qui avaient été choisies par les associés. Voilà le rafraîchissement
que cette infirme eut à son arrivée pour la délasser des travaux de
son voyage ; mais enfin le tout étant éclairci, on se rapaisa et
l'union fut plus belle que jamais, si bien qu'elle se vit en état de
partir en peu de jours pour Paris, plus joyeuse qu'elle ne se vit
à son arrivée à *La Flèche.* Étant à Paris, elle vit aussitôt Mr. de *Breton
Villiers* le supérieur du Séminaire de St. Sulpice et Madame sa chère
fondatrice qu'elle rendit témoin oculaire de son pitoyable état
auquel ils prirent une part bien singulière. Quelques jours après,
elle vit tous les Messieurs de la compagnie du Montréal assemblés
auxquels elle fit un fidèle rapport des choses comme elles étaient
ici, après cela, elle leur témoigna bien au long, l'impossibilité où
elle était de subvenir à l'hôpital si elle n'était secourue ; qu'elle
croyait que le temps était venu d'envoyer ces bonnes filles sur
lesquelles Mr. Ollier et tous avaient jeté la vue, qu'elle ferait son

possible auprès de sa chère dame pour en obtenir la fondation, qu'elle avait tout à espérer de sa bonté ; eux lui ayant témoigné la reconnaissance qu'ils avaient à sa sollicitude parlèrent tous unanimement de son infirmité et dirent qu'il fallait sans plus tarder la faire voir aux plus experts, afin de tenter par toutes les voies possibles sa guérison. Là dessus feu Mr. Duplessis Monbar d'heureuse mémoire ajouta que Mlle Chahue la mènerait en son carosse chez les personnes qu'on nomma et qu'on crut les plus habiles. La chose s'exécuta comme on l'avait résolue mais sans aucun fruit, car dans toutes les consultes on nous répondit qu'il n'y avait rien à faire, que le mal était trop grand et trop invétéré, que de plus, elle était trop âgée, qu'il fallait même prendre garde que ce mal de bras ne se communiquat au corps ; que sa main et son bras ayant la peau aussi sèche qu'un cuir à demi préparé, qu'étant sans la moindre liberté d'en user, que les parties étant toutes atrophiées et glacées de froid sans conserver d'autre sensibilité que pour lui causer de grands tourments lorsqu'on la touchait, il y avait bien à craindre que le côté droit de son corps, ne vint participant des infirmités de son bras ; que si quelques charlatans osaient entreprendre sa guérison, au lieu de la soulager, il attirerait et irriterait les humeurs qui la rendrait paralitique de la moitié du corps, Mlle. Chahue entendant ce langage des plus habiles de Paris, ramena son infirme, laquelle commença de solliciter sa dame pour les filles de La Flèche. Or cette pieuse fondatrice ayant compassion d'elle et étant bien affligée de l'état irrémédiable où elle la voyait se résolut de l'assister et donna 20,000 livres pour l'établissement des filles qu'elle lui proposait, ce qui réjouit extrèmement les associés, lesquels en rendirent grâce à Dieu et à Mlle. Mance qui ménageait ainsi des secours par sa prudence ; travaux qui furent si agréables à Notre Seigneur qu'il les voulut reconnaître par un miracle authentique qui se fit dans la chapelle du Séminaire de St. Sulpice, le jour de la Purification où Dieu voulut honorer la mémoire de Mr. Ollier son serviteur, donnant à son cœur le moyen de témoigner sa gratitude à celle qui pour lors s'employait si fortement en faveur de cette Isle à laquelle il prenait tant de part lorsqu'il était vivant ; et dont Dieu veut bien qu'il prenne la protection après sa mort. Comme nous allons voir par le détail de ce miracle que nous pouvons dire bien grand puisqu'il se réitère tous les jours à la vue d'un chacun et selon l'aveu de tous ceux qui veulent prendre la peine de voir le bras sur lequel il est opéré et s'opère incessamment. Décrivons-en l'histoire ; quelques jours avant la Purification, Mlle Mance était allé voir Mr. Breton-Villiers au Séminaire de St. Sulpice toute remplie de respect qu'elle conservait pour Mr. Ollier,

elle lui demanda où était son corps et son cœur qu'on lui avait dit
être enchassé séparément, qu'elle eut bien souhaité rendre ses respects à l'un et à l'autre ; Mr. de Breton-Villiers lui dit que son corps
était dans la chapelle, qu'il avait son cœur dans sa chambre, et
qu'elle vint le jour de la Purification dans le temps que messieurs
les ecclésiastiques seraient à l'Eglise, qu'alors ils la feraient entrer
dans la chapelle, parce qu'il ne voulait pas la faire venir devant
tout le monde, d'autant que les femmes n'avait pas coutume d'y
aller, si elle y entrait publiquement, les autres en recevraient de
la peine, quant à lui, il y dirait la messe et lui apporterait le cœur
de feu Mr. Ollier.   Le jour arrivé, elle vint à l'heure donnée, aussitôt qu'elle fut entrée dans le séminaire, il lui vint à l'esprit que
feu Mr. Ollier lui pourrait bien rendre la santé ; incontinent qu'elle
reconnut ce qu'elle pensait, elle voulut l'éloigner comme une ten-
tation, mais chassant cette pensée, il lui en vint de plus fortes ce
qui lui fit dire qu'encore qu'elle ne les méritât, ce serviteur de J. C.
pourrait bien obtenir cette faveur et même de plus grandes.   Marchant vers la chapelle en s'entretenant de la sorte, elle vit Mr. Ollier,
aussi présent à son esprit qu'on le pouvait avoir sans vision ; ce
qui lui fit ressentir une joie si grande pour les avantages que ses
vertus lui avait acquises, que voulant ensuite se confesser, elle avoue
qu'il lui fut impossible de le faire et qu'elle ne put dire autre chose
à son confesseur sinon : " Mr., je suis saisie d'une telle joie que je ne
puis vous rien exprimer." Cette satisfaction lui dura pendant toute
la messe et fut accompagnée d'une certitude intérieure que Dieu
la guérirait par l'entremise de son serviteur.   Après que la messe
fut dite, voyant que Mr. de Breton-Villiers était pressé pour l'église
à cause des cérémonies du jour, elle lui dit : " Donnez-moi un peu
ce cœur que vous m'avez promis, il ne m'en faudra pas davantage
pour ma guérison. " D'abord il le lui atteignit et la quitta en lui
marquant le lieu où elle le mettrait par après. D'abord elle le prit
tout pesant qu'il était à cause du métal où il était enfermé et du
petit coffret de bois où le tout était enchassé et elle l'appuya sur
son écharpe à l'endroit de son plus grand mal qui ne pouvait être
approché auparavant de la moindre chose. Or ayant appuyé ce
petit coffret sur son bras, tout empêché qu'il était de plusieurs et
et différents linges attachés d'une multitude d'épingles, elle se mit
à admirer et se conjouir des trésors qui avaient été enfermés dans
ce cœur et soudain voilà qu'une grosse chaleur lui descend de
l'épaule et lui vint occuper tout le bras qui passa dans un instant
d'une extrême froideur à cet état qui lui est si opposé. En même
temps, toutes les ligatures et enveloppes se défirent d'elles-mêmes,
son bras se trouva libre, et se voyant guéri elle commença à faire

un beau signe de croix, remerciant le Tout-puissant qui lui faisait une telle grâce par son serviteur, y ayant deux ans qu'elle n'avait pu faire autant de sa main droite qui était estropiée. Cela la mit en un si grand transport l'espace de huit jours, qu'à peine put-elle manger quelque chose tant elle était pamée. Son action de grâce faite, elle remit son bras en écharpe afin que le portier ne s'aperçut de rien et que M. de Breton-Villiers fut le premier à apprendre la chose, ainsi elle s'en alla chez elle où sa sœur arriva peu après ; elle voulait exprimer à sa sœur le bien qu'elle avait reçue et ne le pouvant par ses paroles à cause qu'elle était transie d'allégresse, elle se mit à agir de sa main droite et lui montra par ses actions qu'il n'y avait plus de mal. Sa sœur tout transportée de joie elle-même ne lui put repartir que des yeux dans l'abord, mais ayant repris ses esprits : " ma sœur, lui dit-elle, qu'est-ce que je vois, est-ce la sainte Epine qui a fait cette merveille ?" — " Non, lui répondit-elle, Dieu s'est servi du Cœur de feu Mr. Ollier."—" Ah oui, répondit-elle, il le faut publier partout, je vais le dire aux Carmes déchaussés, et dans tels et tels endroits."—" Non, ma sœur, répondit Mlle. Mance, ne le faites pas, messieurs du séminaire n'en savent rien encore, il faut du moins qu'ils le sachent les premiers, après leur récréation nous irons le leur apprendre." Cela dit, ils se mirent à table à cause que l'heure en était venue et non pas pour manger, car il ne leur fut pas possible. Sur les deux heures, elles allèrent au Séminaire où une partie des Messieurs étaient retournés à l'église, mais comme Mr. de Breton-Villiers était à la maison, elle le demanda et lui dit aussitôt qu'elle l'aperçut en état de l'entendre facilement : " Mons., en lui montrant sa main, voilà les effets de Mr. Ollier." Mr. de Breton-Villiers lui repartit : " Voyant votre confiance de ce matin, je croyais bien que vous seriez exaucée." Après, il fit appeler ce qui était resté d'ecclésiastiques au séminaire afin d'aller les uns avec les autres remercier Dieu à la même chapelle où s'était fait le miracle. L'action de grâce faite, Mr. de Breton-Villiers demanda à Mlle. Mance si sa main droite de laquelle elle avait été guérie était assez forte pour écrire la vérité du fait qui s'était passé, elle lui ayant répondu que oui, on lui donna incontinent du papier et elle satisfit à ce qu'on souhaitait. Que si l'écriture a quelques défauts, il faut accuser l'extrême joie dont elle était émue et non pas les infirmités du bras et de la main : le jour suivant, Messieurs les associés du Montréal s'assemblèrent et firent raconter toute cette histoire à cette bonne demoiselle pendant quoi ils remercièrent Dieu de tout leur cœur, qui faisait encore par leur ancien confrère de telles grâces à cette Isle en remettant Mlle. Mance en état d'y rendre encore plusieurs services ; après cette assemblée, Mlle. Mance

alla voir sa bonne fondatrice, laquelle reçut une joie indicible
lorsqu'elle apprit ce miracle et qu'elle l'aperçut de ses yeux, y
ayant eu cela de particulier en ceci que le miracle est continuel et
manifeste, parceque les principes des mouvements sont demeurés
disloqués comme auparavant et cependant avec tout cela, elle manie
son bras et sa main sans aucune douleur, comme si tout était en
bon état, ce qui est un miracle si visible qu'on ne peut le voir sans
être convaincu. C'est ainsi que tous les experts ont avoué et attesté.
Mais passons ce bienfait qui nous assure de la bienveillance de Mr.
Ollier, dans le lieu même là où il est aujourd'hui ; et parlons de
ce qui se fit à Paris au printemps où les messieurs de cette compagnie firent plusieurs assemblées, dans deux desquelles Mr. l'évêque
de Pétrée assista comme venant faire voir au Canada la première
mitre qui y ait jamais paru. Dans ces deux assemblées où Mgr. de
Pétrée fut, on parla d'envoyer ces filles de la Flèche au Montréal,
mais ce prélat demanda toujours qu'on différât d'une année ce trajet, crainte, disait-il, que cela ne fît de la peine à une certaine
personne qu'il croyait avoir d'autres dessein. Ces messieurs de la
compagnie lui répondirent, qu'il pouvait bien l'assurer que celui
dont il parlait n'aurait pas d'autre sentiment que le leur, que le
fondement que l'on prenait de soupçonner le contraire n'était que
présumé et qu'on avait tout lieu de ne pas le croire ; qu'au reste
on avait si grand besoin de ces filles pour le soulagement de l'hôpital du Montréal, que n'ayant aucune vue ni dessein pour d'autres,
on le suppliait de trouver bon qu'elles partassent cette année-là.
Après ces assemblées et cette prière faite à Mgr. de Pétrée, le temps
de partir étant venu, Mlle. Mance s'en alla à Larochelle, à huit
lieues de laquelle il lui arriva un accident qui la devait du moins
disloquer tout de nouveau, si la main qui lui avait donné la santé
n'eut eu le soin de la lui conserver, ce qui arriva de la sorte : Les
chiens ayant fait peur à un cheval ombrageux sur lequel elle était,
cet animal se lança si haut par dessus un fossé, et en même temps
la jetta si loin et si rudement sur sa main autrefois estropiée,
qu'on a attribué à une charitable protection du ciel qu'elle en a été
quitte comme elle l'a été pour une légère écorchure, sans rien
rompre ni démettre, ce qui n'empêcha pas qu'une certaine plume
trop libre, prit la peine assez mal à propos, d'écrire contre ce qui
s'était passé au sujet de ce bras à Paris, usant de ces faits nouveaux
pour rendre ridicule ce fait dans une lettre qu'il écrivit à un bon
père Jésuite à Larochelle au sujet de Mlle. Mance " Enfin le miracle
est démiraclé, et la chûte de la demoiselle l'a mise en pareil état
qu'autrefois." Le Père à qui on écrivait se connaissant bien aux
ruptures et dislocations vint voir si cela était vrai, et croyant que

ce qu'on lui écrivait était véritable, il parla à cette demoiselle comme si on eut voulu abuser le monde, mais alors elle lui dit : " Mon père vous avez été mal informé car tant s'en faut que ma chûte doive diminuer l'estime du miracle opéré sur moi ; elle la doit augmenter car je devrais m'être cassé et disloqué le bras, au reste, mon père, voyez si le miracle de Paris n'est pas véritable, il subsiste encore, regardez encore et en portez votre jugement." Ce bon père s'appocha et ayant témoigné la vérité, il dit tout haut : " Ah ! j'écrirai à celui qui m'a fait la lettre qu'il faut respecter ceux que Dieu veut honorer, il en a voulu faire connaître son serviteur, il ne faut pas aller contre sa volonté, il faut lui rendre ce que Dieu veut que nous lui rendions." Voilà ce qui se passa dans la ville de La Rochelle où Mlle. Mance trouva la bonne Sœur Marguerite Bourgeois, de laquelle nous avons parlé ci-devant ; elle l'avait accompagnée dans son voyage en France afin de l'assister dans son infirmité. Quand à son retour Mlle. Mance avait trouvé bon qu'elle se rendit la première à La Rochelle avec une compagnie de 32 filles qu'elle amena avec elle pour le Montréal, auquel cette bonne sœur a servi de mère pendant ce voyage, pendant toute la route, et même jusqu'à ce qu'elles aient été pourvues ; ce qui nous fait dire qu'elles ont été heureuses de tomber en de si bonnes mains que les siennes. Au reste, il faut que je dise encore un mot de cette bonne fille bien qu'elle ne soit pas trop approuvée ; c'est qu'un homme riche et vertueux de la compagnie lui voulant donner en ce voyage du bien pour l'établir ici, elle ne voulut l'accepter, appréhendant que cela ne fit tort à cet esprit de pauvreté qu'elle conserve si religieusement ; Dieu, sans doute, lequel fait plus par ces personnes détachées que par les efforts des plus riches, favorisera de ses bénédictions cette amatrice de la pauvreté. Mais revenons aux religieuses de la Flèche auxquelles Mlle. Mance et la compagnie avaient écrit tout ce qui s'était passé et qui étaient demeuré d'accord que trois filles de cette maison ou de celles de ses dépendances iraient cette année-là au Montréal pour l'exécution de ce dessein. Le printemps étant venu, Mlle. Mance écrivit à ces Religieuses, leur donna le rendez-vous à Larochelle et envoya pareillement une lettre à Mr. de la Doversière qui les devait mener à leur embarquement, donnait avis aux uns et aux autres qu'elle ne manquerait pas de s'y rendre par une autre voie qu'elle leur marqua. Les religieuses de la Flèche sur cet avis, afin de se rendre prêtes au temps qu'on leur marquait, firent venir au plus tôt de leurs maisons du Beaugé et du Ludde les sœurs *Mace*, de *Bressolles*, *Meillost*, qui étaient les trois victimes désignées pour le Canada qui se rendirent pour cet effet promptement et avec joie à leur

maison de la Flèche, afin qu'on n'attendit pas après elle, quand
on serait prêt de partir. Or ce coup, c'était un coup du ciel, et
comme les affaires de Dieu ne se font jamais sans de grandes difficultés pour l'ordinaire, celle-ci n'en manqua pas. Quand il fut question de l'exécuter, Mgr. d'Angers se trouva si difficile pour son obédience qu'on désespéra quasi de l'avoir ; Mr. de la Doversière, qui
était le principal arc boutant de l'affaire et sans lequel il n'y avait
rien à espérer pour elle, se trouva si mal, que trois jours avant de
partir, il fut en danger de mort et les médecins jugèrent qu'il ne
relèverait pas de cette maladie ; mais Dieu qui voulait seulement
sceller cette entreprise du sceau de sa croix et non pas la détruire,
voulut que dans deux jours, il fut assez rétabli. pour entreprendre
le voyage de La Rochelle le lendemain ; il ne manquait pour cela
que l'obédience de Mgr. d'Angers qui arriva le même jour que
la restitution de sa santé, ce qui fit qu'on résolut de partir la
journée suivante, cela étant su dans la ville, il se fit une émeute
populaire, chacun murmura et dit : Mr. de la Doversière fait
amener des filles par force en ce couvent, il les veut enlever cette
nuit, il faut l'en empêcher ; Voilà tout le monde par les rues ;
chacun fit le guet de son côté ; plusieurs disaient en se l'imaginant :
" En voilà que nous entendons crier miséricorde." Enfin plusieurs
ne se couchèrent point cette nuit-là pour ce sujet dans la ville de
La Flèche. Néanmoins à dix heures du matin, on se résolut de les
faire partir ; mais pour en venir à bout, on y eut bien de la peine ;
il fallut que Mr. St. André et les autres qui devaient les assister
pendant leur voyage missent l'épée à la main et fissent écarter le
peuple par les impressions de la crainte, ce qui n'est pas difficile
dans les villes champêtres qui ne sont pas frontières : étant sorties,
elles firent le chemin jusqu'à La Rochelle avec une grande joie et
le désir de se sacrifier entièrement pour Dieu ; il est vrai qu'elles
avaient besoin d'être dans cette disposition car elles eurent bien
des épreuves, même dès à La Rochelle où on leur voulut persuader
qu'on les renverrait du Canada la même année sans vouloir d'elles :
de plus comme les deniers se trouvèrent employés, elles se trouvèrent fort embarrassées de quoi payer le frêt qu'elles n'avaient
pas réservé à cause de la multitude des denrées dont on avait
besoin, embarras où se trouvèrent aussi deux prêtres du séminaire
de St. Sulpice qui partaient cette année-là pour Montréal, où depuis,
ils ont été tués par les Iroquois. La peine qu'ils eurent tous deux
avec Mlle. Mance fut telle qu'on ne les voulait pas embarquer à
moins qu'ils eussent de l'argent de quoi payer ; cependant ils étaient
110 personnes auxquelles il fallait pourvoir, vous voyez assez
qu'elle pouvait être sa mortification ; c'est pourquoi nous passons

outre et jugez, comprenant tout ce qu'il fallait acheter pour le Canada, de la dépense qu'on fit surtout à cause du retardement à La Rochelle qui fut de trois mois cette année, jugez combien il en couta à Messieurs de la compagnie du Montréal, au Séminaire de St. Sulpice et à l'hôpital, qui tous trois portaient les frais de ce voyage ; jugez de la peine où étaient ces deux bons prêtres et ces trois religieuses avec Mlle. Mance, car enfin tout se vit à la veille de demeurer sans qu'à la fin le maître du navire qui était préparé et qui ne tenait qu'à de l'argent et résolut de tout embarquer sur leur parole, les voilà donc en mer, mais n'allèrent pas longtemps, que leur navire qui avait servi deux ans d'hôpital à l'armée sans en avoir fait depuis la quarantaine infecta les passagers de la peste, 8 ou 10 de ces gens moururent de prime abord sans qu'on permit aux religieuses de s'exposer, mais enfin on accorda à leurs instances qu'elles commenceroient leurs fonctions d'hospitalières dans lesquelles elles eurent ce bonheur ayant commencé ces premiers travaux de leur mission qu'il ne mourut plus personne, encore qu'il y eut bien des malades, au reste nous pouvons bien dire que la Sœur Marguerite Bourgeois fut celle qui travailla autant pendant toute la route et que Dieu pourvut aussi de plus de sa santé pour cela, que s'il y eut bien des fatigues dans ce voyage il y eut aussi bien des consolations pour la bonne fin que faisaient ces pauvres pestiférés, que ces deux prêtres du séminaire de St. Sulpice dont nous avons parlé assistaient autant qu'ils le pouvaient, que leur corps aussi accablé de la maladie permettaient, ils assis-tèrent deux Huguenots entre ces malades qui firent leur abjura-tion avant de paraître devant ce juge qui jugera rigoureusement ceux qui veulent défendre aujourd'hui de juger les erreurs de leur religion prétendue réformée, afin d'avoir la liberté d'y demeurer pour leur confusion éternelle ; mais passons cette mer et disons qu'après les efforts de la maladie, les vagues de la mer essuyées, voilà enfin le navire arrivé à Québecq, après avoir bien vogué, que si ces religieuses se croyaient être en ce lieu au bout de toutes les tempêtes, elles se trompaient fort, car elles y en essuyèrent une si grande qu'elles eurent de la peine à mettre pied à terre et ne l'eussent peut-être jamais fait si l'astre nouveau qui depuis ce temps éclaire notre église ne leur eut été assez favorable pour dissiper qui la causait ; de quoi le Montréal fut bien obligé, car il contri-bua ainsi à lui donner ces bonnes filles. Ensuite de ceci, nous avons le retour de Mr. l'abbé de Quélus en France qui affligea beaucoup ce lieu ; ainsi en cette vie, les douceurs sont mélangées d'amer-tumes. Quand à toute la flotte arrivée par ce lieu, elle y monta à la joie extrême d'un chacun et ces deux bonnes religieuses qui y étaient comme nous avons dit l'an dernier, en descendirent après que celle qui était malade eut recouvré sa santé. La providence ayant permis que son mal eut duré pour le bien de cette hôpital jusqu'à l'arrivée de ces trois bonnes filles aux travaux desquelles Dieu a donné depuis une grande bénédiction. Plusieurs Iroquois et quantité d'autres sauvages y ont été convertis tant par leur ministère tant par l'assistance des ecclésiastiques du lieu et y sont morts ensuite avec des apparences quasi visibles de leur prédestination. Grand nombre de Huguenots y sont en ce même bonheur ; même dans un seul hiver, il y en a eu jusqu'à 5 qui sont morts catholiques à la grande satisfaction de leurs âmes. Ces bonnes filles ont rendu et rendent encore de si grands services au public qu'il se loue tous les jours de la grâce que le ciel lui avait faite de lui avoir amené pour sa consolation dans un pays si éloigné que celui-ci, où leur zèle les a apportées. Outre les personnes que j'ai remarquées être venues de France cet été je dois nommer Mr. Deletre, lequel servit bien ce lieu, tant dans les temps de la guerre que lorsque nous jouissions de la paix, à cause des avantageuses qualités qu'il possède pour l'une et l'autre de ces raisons. Je donne ce mot à sa naissance, à son mérite, sans préjudice à tous ceux qui ont été du même voyage et faire tort à leur mérite particulier ; au reste on peut dire du secours de cette année en général qui était très-considérable au pays, lequel était encore dans une grande désolation, et qu'il était nécessaire pour confirmer tout ce que celui de l'année 1653 conduit par Mr. de Maison Neufve y avait apporté, davantage, parceque sans cette dernière assistance tout le pays était encore bien en danger de succomber, mais il est vrai que depuis celle-ci on a moins chancelé et craint une générale déconfiture qu'on faisait auparavant, quelques combats de perte de monde que nous ayons eus.

DE L'AUTOMNE 1659 JUSQU'A L'AUTOMNE 1660 AU DÉPART DES
VAISSEAUX DU CANADA.

Nous entrons dans une année que le Montréal doit marquer en lettres rouges dans son calendrier, pour les différentes pertes d'hommes qu'il a faites en plusieurs et différentes occasions ; il est vrai que si les belles actions doivent consoler en la mort des siens, le Montréal a tout sujet de l'être dans la perte qu'il a fait de tous les grands soldats qui ont péri cette année, parce qu'ils se sont tellement signalés et ont tellement épouvanté les ennemis en mourant à cause de la vigoureuse et extraordinaire défense qu'ils ont marqué en eux, que nous devons le salut du pays à la frayeur qu'ils ont imprimé en eux, répandant aussi généreusement leur sang qu'ils ont fait pour sa querelle, ce qui se peut pour eux glorieusement remarquer, surtout dans une action laquelle se passa le 26 ou le 27 de mai, au pied du *Long Sault*, un peu au-dessus de cette Isle où 7 de nos Montréalistes étant en parti furent attaqués par 800 Iroquois, sans qu'aucun d'eux voulut jamais demander quartier, chacun pensant à vendre sa vie le plus cher qu'il le pourrait. Voyons le fait : Sur la fin d'avril Mr. d'Aulac garçon de cœur et de famille lequel avait eu quelques commandements dans les armées de France, voulant faire ici quelque coup de main et digne de son courage, tâcha de débaucher 15 où 16 Français afin de les mener en parti au dessus de cette Isle, ce qu'on n'avait point encore osé tenter ; il trouva de braves garçons qui lui promirent de le suivre si M. de Maison-Neufve le trouvait bon, Daulac proposa la chose et il eut son agrément, ensuite chacun se disposa à partir, ils firent un pacte de ne pas demander quartier et se jurèrent fidélité sur ce point ; outre cela, pour être plus fermes à l'égard de cette parole et être mieux en état d'affronter la mort, ils résolurent de mettre tous leur conscience en bon état, de se confesser et communier tous, et ensuite de tous faire leur testament, afin qu'il n'y eut rien qui les inquiéta pour le spirituel ou temporel et qui les empêcha de bien faire ; tout cela exécuté de point en point ils partirent ; Mr. le major avait bien envie de grossir le parti, Mr. Lemoine et Mr. de Belètre avait bien demandé la même chose, mais il voulait faire différer cette entreprise jusqu'après les semences qui se font ici en ce temps-là ; ils disaient que pour lors, ils auraient une quarantaine d'hommes ; mais Daulac et son nombre avait trop envie de voir l'ennemi pour attendre, au reste Daulac voyant que s'il différait, il n'aurait pas l'honneur du commandement, il poussa le plus qu'il put l'affaire et redoutant plus qu'il était bien aise de se pouvoir distinguer, pourvu que cela lui put servir à cause de quelque affaire qu'on disait lui être arrivé en France. Tellement que le voilà parti résolu à tout événement, il ne fut pas bien loin sans attendre une alarme dans un Islet tout vis-à-vis où nous perdîmes trois hommes, il revint avec son monde et poussa si vivement les Iroquois qu'il les eut pris en canot sans qu'ils abandonnèrent tout pour se jeter dans le bois et se sauver, s'il n'eut pas la consolation de les joindre, il eut celle d'avoir leurs dépouilles, entre autres un bon canot dont il se servit pendant son voyage, qu'ils continuèrent aussitôt avec l'accroissement d'un des leurs, lequel eut honte d'avoir manqué à la parole qu'il avait donné, alors étant tous de compagnie ce nouveau venu à eux, ils dirent un adieu

6

général qui fut le dernier à leurs amis, ensuite de quoi les voilà
embarqués tout de nouveau, étant remplis de cœur mais étant
peu nombreux peu habiles au canotage ce qui leur donna
beaucoup de peines, même on a su par les hommes auxquels ils
l'ont dit, qu'ils furent 8 jours arrêtés au bout de cette Isle par un
petit rapide qui y est. Enfin le cœur les fit surmonter de ce que leur
peu d'expérience ne leur avait pas acquis, si bien qu'ils arrivèrent
au pied du *Long Sault*, où trouvant un petit fort sauvage, nullement
flanqué entouré de méchants pieux qui ne valaient rien, commandé
par un côteau voisin, ils se mirent dedans n'ayant pas mieux ; là
bien moins placés que dans une des moindres maisons villageoises
de France, Daulac attendoit les Iroquois comme dans un passage
infaillible au retour de leurs chasses, il ne fut pas longtemps seul
en ce lieu, d'autant que *Honontaha* et *Métiumgué*, l'un Huron, l'autre
Algonquin eurent un défi aux Trois-Rivières pour le courage et se
donnèrent pour cela rendez-vous au Montréal, comme au lieu
d'honneur, afin de voir en ce lieu où les combats sont fréquents,
lequel aurait plus de bravoure ; ce défi fait, Métiumègue vint lui
4ᵉ de sa nation, et Honontaha lui quarantième de la sienne au Montréal. D'abord qu'ils furent ici, les Français dont le principal défaut
est de trop parler lui dirent que nous avions des Français en guerre
d'un tel côté ; eux jaloux de se voir prévenus et étonnés de la har-
diesse de ce petit nombre, demandèrent un billet à Mr. de Maison-
Neufve pour porter à Daulac, afin qu'il leur fit grâce de les recevoir dans son parti pour faire ensuite tous ensemble quelques
grandes entreprises ; Mr. de Maisonneuve fit tout ce qu'il put pour
les empêcher, car il aimait mieux moins de gens et tous braves,
qu'une telle marchandise mêlée en plus grande abondance, il se
rendit néanmoins en quelque façon à leur importunité ; mettant
le Sieur Daulac par les lettres qu'il lui écrivit à son option de le
recevoir sans l'y engager toutefois, l'assurant au surplus qu'il ne
s'assura pas sur ses gens là, mais qu'il agit comme s'il n'y eut que
les seuls Français ; Les sauvages l'ayant joint, ils demeurèrent
tous ensemble dans le lieu que nous avons dit pour attendre les
Iroquois où enfin après quelque temps nos Français qui allaient à
la découverte, virent descendre deux canots ennemis, l'avis en
ayant été donné, nos gens les attendirent au débarquement près
duquel ils étaient partis, où ils ne manquèrent pas de venir, mettant
à terre on fit sur eux une décharge, mais la précipitation fut cause
que l'on ne les tua pas tous, quelques uns se sauvèrent au travers
du bois et avertirent neuf cents de leurs guerriers qui étaient derrière et les avaient envoyés à la découverte ; d'abord ils leur
dirent, " Nous avons été défaits au petit fort au dessous, il y a des

Français et des sauvages assemblés ; " cela leur fit conclure que c'étaient des gens qui montaient au pays des Hurons, qu'ils en viendraient bientôt à bout ; pour cela, ils commencèrent à faire leur approche vers ce petit réduit qu'ils tentèrent d'emporter par plusieurs fois ; mais en vain, car ils furent toujours repoussés avec perte des leurs et à leur confusion ; ce qui leur faisait beaucoup de dépit c'est qu'ils voyaient devant eux les Français prendre les têtes de leurs camarades et en border le haut de leurs pieux ; mais ils avaient beau enrager, ils ne pouvaient se venger étant seuls ; c'est pourquoi ils députèrent un canot pour aller chercher 900 de leurs guerriers qui étaient aux Isles de Richelieu, et qui les attendaient, afin d'emporter tout d'un coup ce qu'il y avait de Français dans le Canada et de les abolir ainsi qu'ils en avaient juré la ruine, ne faisant aucun doute qu'ils auraient Québec et les Trois Rivières sans difficultés ; que pour le Montréal, encore qu'ils y fussent ordinairement mal reçus, ils tâcheroient cette fois là de l'avoir aussi bien que du... ..à force de le harceler et de s'y opiniâtrer ; ce qu'ils disaient aurait été vrai apparemment, si nos 17 Français n'eussent détourné ce coup fatal par leur valeureuse mort, voyons comme le tout tourna dans la suite. Le canot qui était allé quérir du secours étant parti, le reste des ennemis se contenta de tenir le lieu bloqué hors de la portée du fusil et à l'abri des arbres ; de là, ils criaient aux Hurons qui mouraient de soif dans ce chétif trou aussi bien que nos gens, n'y ayant point d'eau ; qu'ils eussent à se rendre, qu'il y avait bon quartier, qu'aussi bien ils étaient morts s'ils ne le faisaient ; qu'il leur allait venir 500 hommes et que alors, ils les auraient bientôt pris. La langue de ces traîtres qui leur représentaient l'apparence du fruit de l'arbre de la vie les déçut aussi frauduleusement que le serpent trompa nos premiers parents, lorsqu'il leur fit manger ce fruit de mort qui leur couta si cher. Enfin ces âmes lâches, au lieu de se sacrifier en vrais soldats de J. C., abandonnèrent nos 17 Français, les quatre Algonquins et Anontaha qui paya pour sa nation de sa personne, ils se rendirent tous aux ennemis, sautant qui d'un côté de l'autre, par dessus les méchantes palissades de ce trou où étaient nos pauvres relégués, ou bien sortant à la dérobée par la porte afin de s'y en aller. Jugez du crève cœur que cela fit à nos gens surtout au brave Anontaha qui, dit-on, manqua son neveu d'un coup de pistolet, le voulant tuer lorsqu'il le vit s'enfuir avec les 40 paignots qu'il avait amenés. Voyez après tout cela quel cœur avaient ces 22 personnes restées demeurant fermes et constants dans la résolution de se défendre jusqu'à la mort, sans être effrayés par cet abandon, ni par l'arrivée des 500 hommes dont le hurlement seul eut été capable de faire abandonner le parti à un plus grand nombre : ces nouveaux ennemis étant arrivés le cinquième jour, et faisant lors un gros de 800 hommes, ils commencèrent de donner de furie sur nos gens, mais jamais ils n'approchèrent de leur fort dans les différents assauts qu'ils lui livrèrent qu'ils ne s'en retirassent avec de grandes pertes ; ils passèrent encore trois journées après ce renfort à les attaquer d'heures en heures tantôt tous, tantôt une partie à la fois, outre cela, ils abattirent sur eux plusieurs arbres qui leur firent un grand désastre, mais pour cela, ils ne se rendirent point car ils étaient résolus de combattre jusqu'au dernier vivant, cela faisait croire aux ennemis que nous étions bien davantage que les lâches Hurons le leur avait dit. C'est pourquoi ils étaient souvent en délibération de quitter cette attaque qui leur coutait si bon, mais enfin le huitième jour de ce siége arrivé, une partie des ennemis étant prête à abandonner l'autre lui dit que si les Français étaient si peu, ce serait une honte éternelle de s'être fait ainsi massacrer par si peu de gens sans s'en venger. Cette réflexion fut cause qu'ils interrogèrent tout de nouveau les traîtres Hurons qui les ayant assurés du peu que nous étions, ils se déterminèrent à ce coup là de tous périr au pied du fort où bien de l'emporter ; pour cela, ils jetèrent des buchettes afin que ceux qui voudraient bien être les enfans perdus les ramassassent, ce qui est une cérémonie laquelle s'observe ordinairement parmi eux lorsqu'ils ont besoin de quelques braves pour aller dans un lieu fort périlleux, incontinent que les buchettes furent jetées, ceux qui voulurent se faire voir les plus braves les levèrent et voilà qu'aussitôt ces gens s'avancèrent tête baissée vers le fort et tout ce qu'il y avait de monde les suivit ; alors ce qui nous restait de gens commença à tirer pêle-mêle de grands coups de fusils et gros coups de mousquetons, enfin l'ennemi gagna la palissade et occupa lui-même les meurtrières ; lors le perfide *Lamouche* qui s'était rendu aux Iroquois avec les autres Hurons cria dans son faux bourdon, avec lequel il aurait bien mérité voler jusqu'au gibet, à son illustre parent *Anontaha*, "qu'il se rendit aux ennemis qu'il aurait bon quartier." A ces lâches paroles Anontaha répondit ; "J'ai donné ma parole aux Français, je mourrai avec eux." Dans ce même temps, les Iroquois faisaient tous leurs efforts pour passer par dessus nos palissades ou bien pour les arracher ; mais nous défendions notre terrain vigoureusement, que le fer et le sabre n'y étaient pas épargnés. Daulac dans cette extrémité chargea un gros mousqueton jusqu'à son embouchure, il lui fit une espèce de petite fusée afin de lui faire faire long feu et d'avoir le loisir de le jeter sur les Iroquois où il espérait qu'éclatant comme une grenade, il ferait un grand effet, mais y ayant mis le feu et l'ayant jeté, une branche d'arbre le rabatit qui fit recevoir à nos gens ce que Daulac avait préparé à nos ennemis, lesquels en auraient été fort endommagés, mais enfin ce coup malheureux ayant tué et estropié plusieurs des nôtres, il nous affaiblit beaucoup et donna un grand empire à nos ennemis, lesquels ensuite firent brèche de toutes parts. Il est vrai que malgré cette désolation, chacun défendait son côté à coups d'épées et de pistolets comme s'il eut le cœur d'un lion. Mais il fallait périr, le brave d'Aulac fut enfin tué et le courage de nos gens demeura toujours dans la même résolution, tous enviaient plus tôt une aussi belle mort qu'ils ne l'appréhendaient, que si on arrachait un pieux dans un endroit, quelqu'un y sautait tout de suite le sabre et la hache à la main, tuant et massacrant ce qu'il y rencontrait jusqu'à ce qu'il y fut tué lui même. Ensuite nos gens étant quasi tous morts, on renversa la porte et on y entra à la foule ; alors le reste des nôtres, l'épée dans la main droite l'épée dans la main gauche, se mit à frapper de toutes parts avec une telle furie que l'ennemi perdit la pensée de faire des prisonniers, pour la néces- sité qu'il se vit de tuer au plus vite ce petit nombre d'hommes qui en mourant les menaçait d'une générale destruction, s'ils ne se hâtaient de les assommer ce qu'ils firent par une grêle de coups de fusils laquelle fit tomber nos gens sur une multitude d'ennemis qu'ils avaient terrassés avant que de mourir ; après ces furieuses décharges sur si peu qui restaient, ces bourreaux voyant tout le monde à bas coururent incontinent sur les morts pour voir s'il n'y en avait pas quelques-uns qui ne fussent pas encore passées et qu'on put guérir afin de les rendre par après capables de leurs tortures, mais ils eurent beau regarder et fouiller ces corps, ils n'y purent jamais trouver qu'un seul qui était en état d'être traité et deux autres qui étaient sur le point de mourir, qu'ils jetèrent d'abord dans le feu, mais ils étaient si bas qu'ils n'eurent pas la satisfaction de les faire souffrir davantage ; quant à celui qui se pouvait rendre capable de souffrances, quant il fut assez bien pour assouvir leur cruauté ; on ne saurait dire les tourments qu'ils lui firent endurer, et on ne saurait exprimer non plus la patience admirable qu'il fit voïr dans les tourments, ce qui forcenait de rage ces cruels qui ne pouvaient rien inventer d'assez barbare et inhumain dont ce glorieux mourant n'emporta le triomphe. Quand à Anontaha et aux 4 Algonquins ils méritent le même honneur que nos 17 Fran- çais, d'autant qu'ils combattirent comme eux, ils moururent comme eux et apparamment comme ils étaient chrétiens, ils se disposèrent comme eux à cette action ; ils allèrent dans le ciel de compagnie avec eux. Ce qu'on peut dire des Iroquois est que dans leur barba- rie et cruauté, ils ont eu cela de louable qu'ils firent une partie de la justice qui était due aux traîtres Hurons, parce qu'ils ne leur tinrent aucunement parole et en firent de furieuses grillades. On a appris ces choses de quelques Hurons qui se sauvèrent des mains de l'ennemi, la première nouvelle qu'on en eut fut par un de ces quarante Hurons, nommé *Louis*, bon chrétien et peu soldat, qui arriva ici le troisième juin tout effaré et dit que nos 17 Français étaient morts, mais qu'ils avaient tant tué et détruit de gens que les ennemis se servaient de leurs corps pour monter et passer par dessus les palissades du fort où ils étaient ; qu'au reste, les Iroquois étaient tant de monde qu'ils allaient prendre tout le pays. Ensuite il dit tout leur dessein à Mr. de Maison-Neufve comme ils l'avaient entendu de leur propre bouche. Mr. de Maison-Neufve profitant de cet avis mit son lieu en état de recevoir les ennemis aussitôt qu'ils viendraient ; il fit garder les meilleurs postes qu'il avait donné à Messieurs du Séminaire ; Mr. de Belestre pour aller commander dans leur maison de Ste. Marie à tout le monde qui y était, ce batiment étant le plus fort et le mieux en état de se défendre qu'il y eut. Après que Mr. notre Gouverneur eut ainsi sagement réglé et ordonné toutes choses, il envoya sans tarder les nouvelles qu'il avait aux Trois-Rivières et à Québec, partout on eut une telle frayeur lorsqu'on entendit ces choses, que même dans Québec on renferma tout le monde jusqu'aux religieuses dans le château et chez les Révérends Pères Jésuites. Mais enfin grâce à Dieu et au sang de nos chers Montréalistes qui méritent bien nos vœux et nos prières pour reconnaissance, les Iroquois ne parurent point et on n'en eut que la peur d'autant que après ce conflit, où ils eurent un si grand nombre de morts et de blessés, ils firent réflexion sur eux-mêmes se disant les uns aux autres : " Si 17 Français nous ont traités de la sorte étant dans un si chétif endroit, comment serons-nous traités lorsqu'il faudra attaquer une bonne maison où plusieurs de tels gens se seront ramassés, il ne faut pas être assez fou pour y aller, ce serait pour nous faire tous périr ; retirons-nous ;" Voilà comme on a su qu'ils se dirent après ce grand combat, qu'on peut dire avoir sauvé le pays qui sans cela était rafflé et perdu, suivant la créance commune, ce qui me fait dire que quand l'établissement du Montréal n'aurait eu que cet avantage d'avoir sauvé le pays en cette occasion et de lui avoir servi de victime publique en la personne de ces 17 enfants qui y ont perdu la vie, il doit à toute la postérité être tenu pour considérable, si jamais le Canada est quelque chose puisqu'il l'a ainsi sauvé dans cette occasion, sans compter les autres ; Mais passons outre et venons au premier juin qui fut celui auquel on fit ici les obsèques de feu Mr. d'Aillebout qui était venu ici l'an 1643 comme un des associés de la compagnie du Montréal pour y

assister Mr. de Maison-Neufve, par toutes les belles lumières
dont il était avantagé et dont il usa très-favorablement pour tout
le pays, où il a eu l'honneur de plusieurs commandements comme
celui du Montréal en 45 et 46 en l'absence de Mr. de Maisonneufve,
et même celui de tout le pays pendant quatre années ; trois desquelles étaient par commission du roi et la quatrième après
quelque intervalle, pour suppléer et remplir la place de Mr. d'Argen-
son lequel ne vint pas en ce pays-là, première année de la commission ; sa mort fut fort chrétienne comme avait été sa vie, nous
n'avons rien qu'elle nous oblige de dire en particulier si ce n'est
que que nous avons oublié d'exprimer touchant sa personne lorsqu'il vint dans ce pays, qui est sa vocation pour le Montréal laquelle
fut de la sorte. Deux ans durant, il fut pressé par les mouvements
intérieurs à passer dans la Nouvelle-France, mais madame sa
femme qui trouvait la proposition de ce trajet si éloignée de son
esprit qu'elle ne pouvait en entendre la moindre parole sans le
tenir pour extrêmement ridicule, surtout à cause qu'elle était toujours malade. Cependant le directeur de Mr. d'Aillebout ne rebu-
tait point la pensée qu'il en avait, conduisait aussi madame sa
femme et lui en parlait parfois, ce qui lui faisait beaucoup de
peine, disant que c'était une chose même à ne pas penser dans
l'état où elle était, son Directeur lui dit que si Dieu le voulait, il
la mettrait en état de le faire ; ce qu'il fit bientôt après, la guérissant lorsqu'elle croyait bientôt aller mourir, ce qui se fit si promptement et d'une manière si extraordinaire qu'elle et tous ses amis,
ne doutèrent point que ce fut une faveur singulière du ciel ; mais
après tout, elle n'avait pas envie de passer la mer sans qu'à la fin
Dieu la changea par une réflexion qu'elle fit à ce propos, disant si
mon mari y est appelé, j'y suis appelé aussi, parcequ'étant sa femme
je le dois suivre. Cette pensée la fit aller trouver son mari et le père
Marnard, le directeur de l'un et de l'autre ; cet homme, joyeux de
voir le tout résolu aux désirs de Mr. d'Aillebout les fit voir au père
Charles Lallemand qui ne jugeant pas à propos de les envoyer comme
particuliers, leur procura l'union avec Messieurs du Montréal en la
compagnie desquels ils furent reçus avec beaucoup de joie, et peu
de temps après, ils partirent pour venir ici : à leur départ, ils entendirent la messe de Mr. Gauffre qui y devait venir évêque, fondant
l'évêché de son propre bien, mais la mort l'a donné au ciel en privant
ce lieu du bonheur de posséder un aussi grand homme. Je n'ai plus
rien à remarquer sur cette année-ci, ce n'est la mort de Mr. de la
Doversière qui décéda peu après avoir mis nos bonnes hospitalières
sur la mer ; apparamment Dieu l'avait conservé jusqu'à ce temps
là pour lui laisser les moyens de coopérer à cet ouvrage qu'autant

qu'on peut juger naturellement, ne se fut jamais fait s'il eut été mort auparavant, étant vrai qu'on a jamais pensé à elles, que par son mouvement ; il est bien admirable de voir le principal auteur d'une telle entreprise être prêt à mourir, être accablé de maladie, condamné par les médecins à n'en pas relever et néanmoins être trois jours après en campagne lorsqu'il s'agit d'exécuter ces desseins et d'amener ces religieuses de la Flèche à La Rochelle comme nous vîmes l'an dernier, et après cette œuvre faite, de voir mourir cet homme incontinent, tout cela me parait bien digne de remarque.

DE L'AUTOMNE 1660 JUSQU'A L'AUTOMNE 1661 AU DEPART DES VAISSEAUX DU CANADA.

Les Iroquois restèrent dans leur frayeur à cause du combat de Daulac jusque bien avant dans l'hiver, mais ayant repris leurs esprits avec le commencement de l'année 1661, ils nous vinrent donner de très-mauvaises étrennes, car dans le mois de janvier, février et mars, ils nous tuèrent ou prirent 13 hommes tout d'un coup, et en mars et tout d'un coup encore, et nous tuèrent 4 hommes et nous firent 6 prisonniers ; en février il n'y eut quasi de combat d'autant que nos gens étaient sans armes, mais en mars, le combat fut assez chaud ; il est vrai que les Iroquois qui étaient bien 260 avaient un tel avantage au commencement, à cause qu'ils étaient plus de vingt contre un, que nous pensâmes perdre tous ceux qui étaient au travail du côté attaqué, mais enfin la généreuse défense de nos gens ayant donné le loisir aux autres de les aller secourir et de sauver ceux dont ils n'étaient pas encore les maîtres ce qu'ils avaient de plus fâcheux pour ceux qu'ils emmenaient, c'était que le nommé Beaudouin l'un d'entre eux se voyant entouré par une multitude de ces barbares sans se pouvoir sauver, il choisit un des principaux capitaines de tous les Iroquois et le tua de son coup de fusil, ce qui menaçait tous les captifs de tourments très horribles, surtout à cause que ce capitaine avait le renom de ne pouvoir point mourir. Mais Dieu exauça les vœux de nos captifs et les délivra la plupart de leurs mains comme nous verrons dans la suite, au reste dans le secours que les Françias donnèrent en cette occasion, un vieillard nommé Mr. *Pierre Gadois*, premier habitant de ce lieu, se fit fort remarquer et donna bon exemple à tout le monde, on dit que cet homme tout cassé qu'il était faisait le coup de fusil contre les Iroquois avec la même vigueur et activité que s'il n'eut que 25 ans, sans que qui que ce fut l'en put empêcher, ce que j'ai omis de remarquable en l'affaire du mois de février, c'est le courage de la femme de feu Mr. Daulac, laquelle voyant que nos gens se sauvaient tant qu'ils pouvaient à cause qu'ils n'avaient plus rien pour se défendre, hormis Mr. Lemoine qui avait un pistolet, chacun se fiant à ce que les ennemis ne venaient point en ce temps-là, et voyant qu'il n'y avait aucun homme chez elle pour les aller secourir, prit elle-même une charge de fusils sur ses épaules, et sans craindre une nuée d'Iroquois qu'elle voyait inonder de toutes parts jusqu'à sa maison ; elle courut au devant de nos Français qui étaient poursuivis et surtout au devant de Mr. Lemoine qui avait quasi les ennemis sur les épaules et prêts à le saisir ; étant arrivée, elle lui remit ses armes, ce qui fortifia merveilleusement tous nos Français et retint les ennemis, il est vrai que si ces armes eussent été plus en état, on eut pu faire quelque chose davantage, mais toujours cette amazone méritait-elle bien des louanges d'avoir été si généreuse à secourir les siens et à leur donner un moyen pour attendre une plus grande résistance. On ne saurait exprimer les afflictions que causèrent ici les pertes que nous fîmes en ces deux occasions vu ces bons et braves soldats qui y étaient enveloppés, mais Dieu qui n'afflige les corps que pour le plus grand besoin des âmes, se servait merveilleusement bien de toutes ces disgrâces et frayeur pour tenir ici un chacun dans son devoir à l'égard de l'éternité, le vice était alors quasi inconnu ici et la religion y fleurissait de toutes parts bien d'une autre manière qu'elle ne fait pas aujourd'hui dans le temps de la paix. Mais passons outre et venons au mois d'aout où il y eut plusieurs attaques, l'une desquelles entr'autres fut très-désavantageuse à ce lieu pour la perte qu'il y fit d'un bon prêtre qui y rendait très-utilement ses services depuis deux ans que le Séminaire de St. Sulpice l'y avait envoyé. Cet ecclésiastique nommé Mr. *Lemaitre* avait de forts beaux talents que pour l'amour de Dieu il était venu ensevelir dans ce lieu ici, bénéficiant de ce droit de sépulture que Mr. Ollier avait acquis à son séminaire dès l'année 1640 ; comme nous avons remarqué, notre Seigneur le fit jouir ici deux ans des doux entretiens de la sainte solitude, après lesquels il l'appela à lui du milieu de son désert, permettant que les Iroquois lui coupassent la tête le même jour où *Hérode* la fit trancher à ce célèbre habitant des déserts de la Judée, St. Jean Baptiste, ce qui arriva de la sorte. Mr. Lemaitre ayant dit la messe et entrant comme il est à présumer de sa piété et ainsi que la fête l'exigeait, dans les désirs de sacrifier sa tête pour J. C. comme son saint précurseur, il s'achemina vers le lieu de St. Gabriel, où étant entré dans un champ avec 14 ou 15 ouvriers lesquels y allaient tourner du blé mouillé, ces braves gens se mirent à travailler chacun de son côté et laissèrent leurs armes dispersées imprudemment en plusieurs endroits, tandis que Mr. Lemaître auquel ils avaient dit qu'assurément il y avait des ennemis proches à cause de quelque chose qu'ils avaient remarqué, regardait de parts et d'autres dans les buissons afin de voir s'il n'y en avait pas quelques uns, or recherchant de la sorte, il s'avança sans y penser jusque dans une embuscade d'Iroquois, alors ces misérables, se voyant découverts, ils se levèrent tout d'un coup, firent leurs huées et voulurent courir sur nos gens, ce que ce bon père voyant, au lieu de prendre la fuite, il résolut à l'instant de les empêcher de joindre s'il pouvait nos Français avant qu'ils eussent le loisir de prendre leurs armes qui étaient de côté et d'autre, pour cela, il prit un coutelas avec lequel il se jeta entre nos gens et ces barbares et s'en couvrant comme d'un espadron, il cria à nos Français qu'ils prissent bon courage et se missent en état de garantir leur vie ; les Iroquois voyant ce prêtre leur boucher ce passage et leur faire obstacle au cruel dessein qu'ils avaient, de dépit, ils le tuèrent à coups de fusil, non pas qu'ils eussent aucune crainte d'en être blessé, parce qu'il ne se mettait pas en devoir d'en blesser aucun, mais parce qu'ils ne pouvaient pas l'approcher pour le prendre vivant et qu'il donnait du courage à nos Français pour se mettre en état de se défendre et de là se retirer en bon ordre vers la maison de St. Gabriel. Il est vrai qu'après l'avoir mis à mort ils en eurent un sensible regret et que leur capitaine qui fut celui qui fit le coup en fut fort blâmé des siens, lesquels lui disaient qu'il avait fait un beau coup, qu'il avait tué celui qui les nourrissait lorsqu'ils venaient au Montréal ; ce qu'ils disaient avec raison parceque Mr. Lemaître était économe de cette communauté et avait une singulière inclination de travailler au salut de ces aveugles dont il tâchait d'apprendre la langue ; c'est pourquoi il avait des entrailles de père pour eux et ne leur épargnait rien, mais enfin voilà comme ils le payèrent, salaire qui fut bien avantageux à son âme puisqu'il lui donna l'entière liberté. Ce bon prêtre étant mort, nos Français ayant eu le loisir de se mettre en état, se retirèrent en bon ordre, hormis un qui y perdit la vie de ce monde pour en avoir une meilleure en l'autre comme sa grande vertu l'a donné à présumer. On dit une chose bien extraordinaire de Mr. Lemaître qui est que le sauvage qui a coupé sa tête l'ayant enveloppée dans son mouchoir, ce linge reçut tellement bien l'impression de son visage que l'image en était parfaitement gravée dessus et que voyant le mouchoir, on reconnaissait Mr. Lemaître ; *Lavigne*, ancien habitant de ce lieu, homme des plus résolus, comme cette relation l'a remarqué et qui ne paraît pas chimérique, m'a dit avoir vu le mouchoir imprimé comme je viens de le dire, étant prisonnier chez les Iroquois, lorsque ces malheureux y vinrent après avoir fait ce méchant coup, et il assure que le capitaine de ce parti ayant tiré le mouchoir de M. Lemaître à son arrivée, il se mit à crier sur lui de la sorte, ayant reconnu ce visage, " Ah ! malheureux, tu as tué *Daouandio*(c'est le nom qu'ils lui donnaient),car je vois sa face sur son mouchoir !" Alors ces sauvages ressérèrent ce linge, sans que jamais depuis, ils l'aient voulu le montrer ni donner à personne, pas même au Révd. P. Lemoine qui, sachant la chose, fit tout son possible pour l'avoir ; il est vrai que quand ces gens-là estiment quelque chose, il n'est pas aisé de l'obtenir ; je ne sais pas si c'est pour cela que cet homme était si réservé, ou bien si c'était pas la honte qu'il avait d'avoir fait ce méchant coup en tuant ce prêtre, car ce missionnaire était si aimé de cette nation qu'il en recevait des avanies publiques et qu'on ne le voulait pas regarder, et qui fit même que de la honte qu'il en avait, il quitta, à ce qu'on dit, les cabanes pour n'y revenir de quelque temps ; quoiqu'il en soit de cette merveille, je vous en ai rapporté le fondement afin que vous en croyiez ce qu'il vous plaira ; je vous dirai qu'on m'a rapporté bien d'autres choses assez extraordinaires à l'égard de la même personne, dont une partie était comme les pronostiques de ce qu'il leur devait arriver un jour et l'autre, regardant l'état de ces choses présentes et celui dans lequel apparemment toutes les choses seront bientôt. Ce Monsieur a parlé dans sa vie avec assez d'ouverture de tout ceci à une religieuse et à quelques autres personnes, pour m'autoriser, si j'en voulais dire quelque chose, mais je laisse le tout entre les mains de celui qui est le maître des temps et des saisons et qui en réserve la connaissance ou bien la donne à qui bon lui semble. Finissons ce chapitre et ce qui regarde la guerre pour cette année, parlons des nouvelles que la France nous y donna, surtout disons un petit mot de Montréal, au sujet de M. l'abbé de Quélus qui y arriva environ le temps de la mort de M. Lemaître ; aussi bien encore qu'il n'y ait paru cette fois que comme un éclair; il y a trop de choses à en dire pour s'en taire tout à fait, je ne veux pas néanmoins pour cela en grossir par trop notre volume, parce que cela nous donnerait trop de peine et ne laisserait pas au lecteur la maitrise d'exercer ses pensées ; ce qui étant, je me contenterai de dire que M. l'abbé de Quélus venant de Rome avait passé ici à l'italienne incognito, mais qu'on jugea qu'il ne devait pas se servir des maximes étrangères, qu'il était plus convenable à une personne de sa qualité et vertu de faire le trajet à la française ; c'est pourquoi on l'obligea de repasser la mer cette même année, afin de revenir par après au su de tout le monde, avec plus de splendeur, à la mode de l'ancienne France, comme il l'a fait depuis.

DE L'ANNÉE 1661 JUSQU'A L'AUTOMNE 1692, AU DÉPART DES VAISSEAUX
DU CANADA.

It s'est fait pendant le cours de cette année plusieurs combats
où nous avons perdu beaucoup de monde et qui nous ont été très
funestes ; le premier, qui fut le 25 octobre, se passa comme je vais
dire :—M. Vignal, prêtre de cette communauté, ayant demandé
congé à Mr. de Maison-Neufve de mener des hommes à l'*Ile à la
Pierre*, afin de faire tirer des matériaux pour parachever cette maison, où sont présentement logés les Ecclésiastiques qui servent
cette Isle, il en obtint la permission avec peine, parce que M. de
Maison-Neufve craignait qu'ils ne trouvassent quelques embuscades
en ce lieu, à cause qu'il y avait travaillé le jour précédent, ce qui
ne manqua pas d'arriver ; sur quoi il est à remarquer que pour
éviter d'être ainsi attrapé, rarement on allait deux fois de suite en
un endroit lorsque les ennemis étaient à craindre. Pour revenir
à feu M. Vignal, aussitôt qu'il eut le congé, il ne songea qu'à s'embarquer promptement, sans se mettre en peine des Iroquois ; même
en allant, quelqu'un lui ayant dit qu'il croyait voir des canots le
long de la grande terre et de l'Islot, il ne le put persuader et s'ima
gina que c'étaient des orignaux ; d'abord qu'il furent à l'Islot, les
voilà à terre, où ils s'en allèrent de chacun son bord, comme pour
se dégourdir, sans prendre des armes ni penser à aucune découverte ; M. Brigeart même qui avait le commandement en cas
d'attaque y arriva le dernier, parce qu'il avait reçu son ordre un
peu tard et qu'il n'avait pu joindre ce monde parce qu'il allait trop
vite ; pendant que quelques-uns se promenaient pour se dégourdir
du bateau, comme nous avons déjà dit, les autres plus diligents se
mirent à ramasser de la pierre, et un autre qui ne fut pas le moins
surpris alla vaquer à ses nécessités, se mettant au bord de l'embus
cade des ennemis auxquels il tourna le derrière ; un Iroquois indi-
gné de cette insulte, sans dire mot le piqua d'un coup de son épée
emmanchée, cet homme qui n'avait jamais éprouvé de seringue si
vive ni si pointue fit un bond à ce coup en courant à la voile vers
nos Français qui incontinent virent l'ennemi et l'entendirent faire
une grosse huée, ce qui effraya tellement nos gens, dont une partie n'était pas encore débarquée, que tous généralement ne songèrent qu'à s'enfuir, hormis le Sieur Brigeart, lequel se jetta à
terre et se mit à crier et appeler les Français, lesquels vraisem-
blablement s'oublièrent de leur ordinaire bravoure et ne le secon-
dèrent pas ; que s'ils l'eussent fait, les Iroquois étaient défaits. Le
Sieur Brigeart quoique seul, les empêcha tous pendant quelque

temps d'avancer, ce qui favorisa la fuite des nôtres, qui sans cela eussent tous été pris ; les ennemis prirent la résolution d'aller sur lui et alors, il choisit le capitaine qu'il jetta raide mort d'un coup de fusil, ce qui effraya tellement tous les autres que cela les mit en balance s'ils devaient essuyer encore un coup de pistolet qu'il avait à tirer ; mais enfin, voyant que Brigeart était seul et qu'il n'était point soutenu, ils firent une décharge sur lui dans laquelle lui ayant rompu le bras et fait tomber son pistolet, ils se jetèrent sur lui et se mirent ensuite à faire de furieuses décharges sur un grand bateau plat, lequel tachait de se mettre au large ; par leurs coups de fusil, ils tuèrent et estropièrent plusieurs personnes, entre autres deux braves enfants de famille, nommés MM. Moyen et Deschesne, le dernier de ces deux exhortant son camarade à la mort, sans songer à être blessé lui-même, tomba raide mort dans le bateau. C'est une chose étonnante que la peur, car il y avait là de braves gens ; mais quand l'appréhension s'est une fois saisi du cœur humain, il s'oublie de soi-même ; au reste, si le brave M. Brigeart eut pu arriver assez tôt pour faire la découverte et mettre son monde à terre dans l'ordre qu'il fallait observer, ce malheur n'eut pas arrivé ; mais c'était une permission de Dieu et non pas de sa faute. Revenons à M. Vignal afin de voir ce qui lui arriva ; ce bon prêtre voyant tout le monde en ce désordre voulut se mettre dans le canot d'un de nos meilleurs habitants nommé M. Réné Cusillasier, dont malheureusement il trempa le fusil dans l'eau y voulant monter, ce qui ayant réduit cette personne sans défense, les Iroquois tirèrent sans crainte sur eux avant qu'ils aient eu le loisir de prendre le large, ce qu'il leur réussit si malheureusement pour nous que M. Vignal fut percé d'outre en outre et ensuite pris avec Cusillasier, ce pauvre homme ainsi percé fut jeté comme un sac de tabac dans un canot et son compagnon d'infortune fut mis dans un autre ; M. Vignal se levant de temps en temps du milieu de son canot avec beaucoup de peine disait aux autres prisonniers qui étaient proches dans les autres canots : "Tout mon regret dans l'état où je suis est d'être la cause que vous soyez dans l'état où vous êtes, prenez courage et endurez pour Dieu." Ces paroles prononcées dans un état aussi digne de compassion que celui où il était, crevèrent le cœur de tous pauvres captifs ; enfin on les emmena les uns et les autres au pays ennemi, hormis M. Vignal qu'ils ne trainèrent pas loin ; car le voyant trop blessé pour faire un long voyage, ils le brulèrent pour l'achever et lui donnèrent lieu d'offrir à son Créateur le sacrifice de son corps en odeur de suavité, étant brulé sur un bucher comme le grain d'encens sur le charbon sans qu'il esta rien de son corps, si nous joignons à ces flammes la dent des Iroquois qui en fit un holocauste parfait. Pour ce qui regarde M. Brigeart, ils le firent pareillement brûler, mais Dieu voulut le favoriser d'une croix beaucoup plus cruelle dans la mort, où il souffrit prodigieusement et où il endura d'une façon admirable comme vous l'allez voir. Ces cruels l'ayant fort bien guéri, à force de le bien traiter pour le mettre en état de leur donner plus de plaisir, en le rendant capable des plus horribles souffrances, aussitôt qu'ils le virent en bon point et entièrement remis des grandes plaies qu'il avait reçues au combat, ils commencèrent son supplice afin de lui faire payer la mort de leur capitaine aussi chèrement qu'ils pourraient. Ils lui arrachaient les ongles, lui arrachaient les bouts des doigts et les fumaient ensuite, ils le coupaient tantôt dans un endroit tantôt dans un autre, ils l'écorchaient, le chargeaient de coups de bâton, lui appuyaient des tisons et des fers chauds sur sa chair toute nue, enfin ils n'épargnèrent rien pendant 24 heures que le supplice dura, durant lesquels voyant son admirable patience, ils en enrage- aient, forgeaient de nouveaux moyens pour le faire souffrir davan- tage, lui au milieu de ces tourments atroces ne faisait que prier Dieu pour leur conversion et salut, ainsi qu'il avait promis à Dieu de le faire se voyant sur le point d'entrer dans ces tortures, comme il l'écrivait lui-même en ces temps-là au Revd. P. Lemoine qui était dans une autre nation Iroquoise. M. Cusillasier qui avait lors sa vie assurée fut merveilleusement surpris d'un tel prodige de patience et vertu qu'il voyait dans la mort de cet homme de bien. Les Iroquois qui en étaient les bourreaux, en étaient si hors d'eux-mêmes qu'ils ne savaient qu'en dire ; au reste, quand à nous, nous nous étonnerons moins si nous faisons réflexion sur sa vie et sur le dessein qui l'a fait venir en ce pays, puisque sa vie était fort sainte et qu'il n'était venu ici pour autre intention, qu'afin d'y offrir à Dieu un pareil sacrifice, y risquant sa vie pour son amour, en assistant les habitants de ce lieu où ils étaient si exposés ; mais passons outre pour venir au combat du 7 février, qui nous ravit notre illustre major par la lâcheté d'un Flamand qui était son domestique, lequel l'abandonna, ce qui donna beau- coup de cœur aux ennemis qui le tuèrent lui quatrième, sans que ses deux pistolets lui manquèrent, il eut changé la fortune du combat où quelques-uns eussent porté de ses marques, d'autant qu'il était extrêmement bon pistolier et que sa générosité lui don- nait une grande présence d'esprit parmi les coups dont il n'était nullement troublé. Ce malheur lui arriva premièrement à cause de ce qu'il allait secourir des gens attaqués, selon son bon zèle ordinaire, laquelle action étant délaissée par ce pagnotte que nous

avons marqué, au milieu des coups, l'ennemi prit cœur et fit l'es-
calade dont nous parlons, que si cet étranger avait eu le courage
d'un pigeon Français qui était son compagnon de service, lequel
avait la moitié moins de corps et d'apparence que lui, M. le major
serait peut-être aujourd'hui encore en vie, car ce pigeon fit merveille et s'exposa si avant que s'il n'eut eu de bonnes aîles pour
s'en revenir, il était perdu lui-même et ne fut jamais revenu à la
charge ; au reste, si ce brave M. Closse, major de ce lieu, mourut
en cette rencontre, il mourut en brave soldat de J.-C. et de notre
monarque, après avoir mille fois exposé sa vie fort généreusement,
sans craindre de la perdre en de semblables occasions, ce qu'il fit
bien voir à quelques-uns qui lui disaient peu avant sa mort :
" Qu'il se ferait tuer vu la facilité avec laquelle il s'exposait partout
pour le service du pays." A quoi il répondit : " Messieurs, je ne
suis venu ici qu'afin d'y mourir pour Dieu en le servant dans la
profession des armes, si je n'y croyais pas mourir, je quitterais le
pays pour aller servir contre le Turc et n'être pas privé de cette
gloire." Quelque temps après ce désastre, il arriva un trouble
assez grand pour un certain personnage dont le pays a été délivré
depuis. Cet homme, par ses menées secrètes et ses discours pesti-
lentiels qui n'épargnaient personne, eut allumé un grand feu si
Dieu ne l'eût éteint par sa miséricorde comme il fit. Le 6 de mai
il se fit un beau combat à Ste. Marie, maison du séminaire, laquelle
a toujours expérimenté la singulière protection de sa bonne pa-
tronne qui lui a toujours conservé ses gens sans mort ni blessure,
quoiqu'ils aient souvent été attaqués et qu'ils aient toujours passés
pour gens de cœur appréhendés par les Iroquois, mais voyons
cette action dont je parle : Les Sieurs *Rouillé*, *Touchante* et *Langevin*
étant resté les derniers sur les lieux au travail, tous les autres domestiques de Ste. Marie s'en étant déjà retournés, hormis le
nommé *Soldat*, sentinelle, lorsqu'il venait dans un méchant trou
nommé *Redoute* où il faisait des châteaux en Espagne ; dans ce
temps, 50 Iroquois qui avaient passé le jour dans les frodoches,
éloignés d'une bonne portée de fusil, quelque peu davantage, se
levèrent et vinrent tout doucement sur ces quatre derniers hommes
afin de les surprendre, lier et emmener prisonniers, mais par bonheur, quelqu'un d'eux ayant levé la tête, il s'écria : " Aux armes !
voici les ennemis sur nous ;" à ce bruit chacun sauta sur son fusil
et l'esprit de la sentinelle se réveilla pour s'enfuir, les Iroquois
voyant n'avoir pas réussi dans cette entreprise, jettèrent leur collier
et firent une salve de 50 coups de fusil à brule-pourpoint, les 3
Français qui étaient dans le champ s'encoururent à la redoute,
d'où le soldat s'enfuyant, M. Trudeau, grand, fort et résolu garçon,

voyant cette lacheté, à coups de pieds, de poings, rejeta le pauvre
soldat dans sa redoute et le secoua tellement en ce moment qu'il
le tint, qu'il lui fit revenir son cœur, lequel commençait déjà à
s'exhaler. M. Debeletre entendant ce choc sort au plus vite de Ste.
Marie avec tout ce qu'il peut de monde pour soustraire les attaqués, par les chemins, il rencontra ceux qui venaient du travail
dont une partie fuyait et l'autre partie retournait à ses camarades
pour les défendre, mais ils firent honte aux fuyards et tous allèrent
à la compagnie avec bonne intention et diligence à ces 4 assaillis
qui encore que le lieu fut près, avaient déjà essuyé deux ou trois
cents coups de fusil avant leur arrivée ; quand le monde de Ste.
Marie fut venu, on commença à répondre aux ennemis et à leur
faire voir que nous savions mieux tirer qu'eux, car en toutes leurs
décharges, ils ne firent autre chose sinon que couper le fusil de M.
Rouillé en deux avec une balle et nos Français trouvèrent bien le
secret de les atteindre, ce qu'ils eussent fait encore plus heureusement sans que ces misérables apercevant qu'on les coupait, ils
s'enfuirent au plus vite dans les bois avec plusieurs blessés dont un
mourut peu après de ses blessures, au reste, on tira tant dans
cette attaque qu'on croyait que tout fut pris lorsque du Montréal
on vint au secours ; mais on trouva le contraire, car les ennemis
avaient été bien vigoureusement repoussés ; au reste, la providence
fut grande à l'égard d'un prêtre de ce lieu qui agit tout le jour
autour de cette embuscade, venant à deux ou trois enjambées près,
sans que pour cela personne branla ; on voulut allumer des feux
qui eussent été favorables aux ennemis pour la fumée, laquelle
venant de leur côté leur avait donné lieu de surprendre tous les
Français sans en être vu, mais N. S. permit que le bois se trouva
si mal disposé pour bruler qu'à la fin on l'abandonna. Plusieurs
autres fois on a eu encore lieu de remarquer le bonheur de cette
maison ; une fois entre autres les ennemis y étant venus de nuit
et ayant dressé une ambuscade à la porte, M. de Lavigne qui
demeurait lors à cette maison se levant pour quelque nécessité
regarda dehors et voyant ces traîtres venir, il en avertit un chacun
et on eut le plaisir de les voir se placer au clair de la lune, où le
lendemain on les débusqua, et ceux qui voulaient prendre furent
pris ou faits prisoniers au nombre de 15 ou 16 qu'ils étaient.
Ainsi Dieu a toujours été favorable à cette maison dans toutes les
autres occasions, tant dans cette année que dans les autres.

Il y a bien eu d'autres attaques au Montréal pendant ce temps-là,
et il y a bien eu quelques Français de tués en différentes ren-
contres ; mais comme ces actions n'ont pas été fort considérables,
je ne me crois pas aussi obligé d'en rechercher les détails.

DEPUIS L'AUTOMNE 1662 JUSQU'A 1663 AU DEPART DES VAISSEAUX DU CANADA.

Cette année ne nous donnera pas rien de bien remarquable au sujet de la guerre, car encore bien que nous ayons eu quelquefois du monde tué, il ne se trouve pas toutefois des faits qui méritent d'être touchés dans une histoire. Il y a bien quelque chose à remarquer sur le fruit d'un voyage que Mlle. Mance fit cette année-là en France, pour lequel elle était partie dans les derniers navires ; ayant su cette fâcheuse nouvelle que tous les biens de feu Mr. de la Doversière avaient été saisis, et que partant toute la fondation des religieuses hospitalières qu'il avait entre ses mains était bien en risque d'être perdue ; comme en effet elle l'a été, où vous considèrerez s'il vous plait, que si ces bonnes filles avaient tardé de partir une année, comme on souhaitait, Mr. de la Doversière aurait été mort avant ce temps et leur fondation aurait été absorbée par ceux qui ont voulu faire voir que ce bon Mr. était mort ruiné, et partant ces filles n'auraient eu que faire de songer à partir étant sans fondation, mais Dieu qui les voulait ici dans l'état où elles se trouvent et qui savait les choses, les a fait prévenir ce qui les pouvait arrêter, c'est ce que je trouve de plus remarquable dans le voyage que la charité fait faire à Mlle. Mance cette année. Le 12 du mois d'août une petite sauvagesse nommée *Marie des Neiges* et qui promettait beaucoup est morte à la Congrégation chez la sœur Bourgeois, laquelle l'avait élevée depuis l'âge de dix mois avec des soins et des peines considérables dont elle a été payée par la satisfaction que l'enfant lui donnait à cause de l'amitié qu'on portait à cette enfant, on a voulu ressusciter son nom par une autre petite sauvagesse qu'on a eu en ce lieu à laquelle on a donné le même nom dans le baptème, cette deuxième étant aussi décédée, on a pris une troisième petite sauvagesse vers laquelle on s'est comporté de la même façon et à laquelle on a donné le même nom, que si celle-ci ne meurt pas plus criminelle que les autres, après avoir demeuré ici, là toutes trois dans la congrégation du Montréal, elles auront l'honneur d'être, j'espère, toutes trois au ciel pour toute l'éternité, dans cette congrégation qui suit l'Agneau immaculé avec des prérogatives toutes spéciales.

DE L'AUTOMNE 1663 JUSQU'A L'AUTOMNE 1664 AU DEPART DES
VAISSEAUX DU CANADA.

La seigneurie du Montréal ayant été donné par Messieurs de
cette compagnie à Messieurs du Séminaire de St. Sulpice, ils en ont
pris possession cette année ; ce qui leur donna de l'exercice bientôt après et pour commencer, sans considération de l'autorité du
roi qui avait donné une justice à cette seigneurie avec droit de ne
ressortir par appel que devant une cour souveraine, on trouva à propos de ne lui pas même souffrir la moindre ombre de justice aussitôt que Messieurs de la compagnie du Montréal le lui auraient
remise.   Il est vrai que cette insulte est assez grande et qu'il est
assez inouï de voir telles entreprises sans fondement, ni pouvoir ;
c'était moins bien reconnaître 6 ou 7 cent mille livres de dépenses
faites par les seigneurs de Montréal pour le soutien de ce pays où
ils ont tant perdu de monde et où il n'y aura d'ici à longtemps que
de la dépense à faire. Mais n'importe, Mrs. du Séminaire se con-
solent fort de cet affront en ce qui leur ôtait cette justice exté-
rieure qui regarde le barreau, on leur a donné lieu d'annoblir et
d'accroître celle qui est intérieure et qui regarde le ciel, au reste
Mr. *Tallon* trop équitable pour souffrir de telles injustices a rétabli
les seigneuries de ce lieu dans leur droit et a fait évanouir un
certain fantôme de justice qui a règné quelque peu de temps se
couvrant du beau manteau de *Justice Royale* contre tout droit et raison.   Pour ce qui regarde la guerre, on a bien eu de la peine cette
année, aussi bien que les autres ; il fallait toujours être ici sur ses
gardes ; de tous côtés, on était en crainte à cause des embuscades,
même si on voulait faire savoir des nouvelles à Québec ou aux
Trois-Rivières de quelque chose important la guerre, il fallait
chercher les meilleurs canoteurs, les faire partir de nuit, et après,
avec une diligence qu'aujourd'hui on ne voudrait pas croire, ils
tâchaient de se rendre au lieu déterminé, et d'éviter par leur
vitesse la rencontre des ennemis ; Mr. *Lébert* un des plus riches et
honnêtes marchands qu'il y eut ici et même dans tout le Canada, a
rendu ici de grands services à la Colonie, pour laquelle il s'est souvent exposé pour donner ses avis, soit en canot, soit sur les glaces,
ou à travers les bois ; ce n'est pas là l'unique service qu'il ait rendu
en ce lieu, d'autant que s'il a eu l'esprit de faire sa fortune par son
commerce et en même temps beaucoup servir le public dans la
manière aisée et commode en laquelle il l'a fait touchant les faits
de guerre. Je rapporterai ici deux coups faits par les Iroquois, afin
de faire voir les peines et les hasards où l'on était ici alors ; puisque à

peine osait-on paraître à sa porte pour y aller chercher de quoi vivre.
Feu *Raguideau* étant allé à la chasse avec plusieurs personnes dont
il avait le commandement, Mr. Debelêtre étant aussi sorti de l'habitation avec un parti dans le même temps et pour le même dessein,
ces deux partis se joignirent à deux Isles qui sont un peu au
dessous de ce lieu où ayant tué des bêtes, ils envoyèrent un canot
devant eux, chargé de viande à l'habitation ; or comme on ne peut
remonter ce fleuve à la rame sans être proche de terre pour éviter
le courant, ce canot chemin faisant le long du rivage se trouva vis-
à-vis d'une embuscade qui fit une décharge laquelle tua ou blessa
trois ou quatre hommes qui étaient dans le canot ; cela fait, un Iroquois accourut afin de tirer le canot de l'eau, mais un de nos gens
qui était encore en état de se défendre, jeta roide mort d'un coup
de fusil l'Iroquois qui venait à lui, cela fait, il mit au large, les
autres Iroquois s'encoururent à leurs canots apparemment pour
suivre nos gens moribonds et blessés, mais voyant Mr Debelêtre,
Saint Georges et autres Français, lesquels venaient au secours, ils
changèrent le dessein en celui de s'enfuir. Au mois d'août de cette
année, deux Français étaient tout proche du Montréal en canot,
tout d'un coup, ils furent tués roides mort sans avoir le loisir de voir
ceux qui les chargeaient ; enfin il y avait tellement la nuit à
craindre de toutes parts en ce lieu et il y aurait tant d'exemples
fâcheux à rapporter que nous n'en manquerions pas de trouver
davantage, mais ceux-ci suffiront pour donner une idée générale
du tout.

DEPUIS L'AUTOMNE 1664 JUSQU'A L'AUTOMNE 1665 AU DÉPART DES
VAISSEAUX DU CANADA.

Plus de la moitié de cette année se passa sans qu'il y eut rien de
funeste parcequ'on se tenait toujours bien sur ses gardes, mais dans
le mois de juillet, M. Lemoine ayant eu envie d'aller à la chasse
demanda et obtint congé d'y aller avec quelques sauvages de la
nation des Loups avec lesquels il alla nonobstant quelques avis
qu'on lui donna particuliers, touchant les ennemis qu'on croyait
n'être pas loin, mais son peu de crainte empêcha d'examiner ce
qu'on lui en dit et ne fut pas très-loin qu'étant entré dans l'Ile Ste.
Thérèse pour chasser, il fut attaqué par les Iroquois qui le surpri-
rent seul, lui crièrent de se rendre, ce que ayant refusé et les
ayant couché en joue, reculant peu à peu, les ennemis avançaient
toujours sur lui ; ce que voyant résolu de vendre sa vie qu'il
tenait pour perdue. Il tira son coup de fusil, mais au lieu de frapper

celui qu'il visait, il n'attrapa que les branches des arbres, à cause
d'un chicot qui le fit culbuter, s'étant relevé avec promptitude, il
s'enfuit de son mieux, mais il fut poursuivi si vivement qu'enfin
il fut atteint, environné et pris ; d'abord qu'on eut cette fâcheuse
nouvelle au Montréal, on envoya du monde après les Iroquois,
mais ne les ayant pas trouvés, on fut obligé de revenir ici, on ne
faisait aucun doute qu'il ne fut très cruellement brûlé à cause que
jusqu'alors, ils avaient fait leurs efforts, tant par trahison que par
force ouverte afin de l'attraper et de satisfaire par là à la dévotion
de leurs vieillards qui, depuis plusieurs années amassaient de
temps en temps du bois pour le brûler, faisant toutes ces sottises
devant eux afin de les animer à en faire capture ; que s'il a
réchappé, ce fut parcequ'il leur dit étant parmi eux :—" Ma mort
sera bien vengée, je t'ai souvent menacé qu'il viendrait ici quantité
de soldats Français lesquels iraient chez toi te bruler en tes villages,
ils arrivent maintenant à Québec, j'en ai des nouvelles assurées."
Cela leur fit peur et les obligea à le conserver afin de moyenner
leur accomodement pour lequel sujet, il le ramenèrent à l'automne
sans lui faire aucun mal, il est vrai que cela a été considéré comme
un petit miracle à cause de la haine qu'ils lui portaient, aussi on
peut dire que sa femme dont la vertu est ici un rare exemple peut
bien avoir contribué tant par sa piété que par ses vœux pour cette
délivrance si peu attendue ; mais venons à l'arrivée des navires afin
de dire un mot de ce grand monde qui vient cette année au Montréal afin d'annoncer avec ingénuité que si la joie en fut extrême
à cause de la bonté que le roi a eu d'y faire briller ses armes victo-
rieuses et de rendre désormais libre le passage de la mer aux
lévites de J. C. qui la voudraient traverser, afin de venir en ces lieux
desservir l'arche de notre nouvelle alliance. Toutefois ces joies
dans les plus éclairés furent détrempées de beaucoup d'amertume,
lorsqu'ils virent M. de Maison-Neufve, leur père et très-cher gouverneur les quitter cette fois tout de bon, et les laisser dans d'autres
mains, dont ils ne devaient pas espérer le même dégagement, le même
amour et la même fidélité pour l'éloignement des vices qui y ont
pris en effet, depuis ce temps, leurs maisons et leur accroissement
avec beaucoup d'autres misères et disgraces, lesquelles n'avaient
point paru jusqu'alors à ce point qu'on a vu depuis.

DE L'AUTOMNE 1665 JUSQU'A L'AUTONNE 1666 AU DÉPART DES
VAISSEAUX DU CANADA.

Encore que le Montréal eut été cette année notablement fortifié
de monde pour l'arrivée des troupes où il y avait de braves soldats
et de dignes officiers, toutefois, comme ils voulaient qu'on suivit la
manière dont on se sert dans l'Europe pour se défendre, laquelle
est très-désavantageuse pour ce pays, aux expériences duquel ils
ajoutaient trop peu de foi : cela fit que les ennemis ne laissaient pas
de nous tuer du monde tout comme auparavant, même ils nous en
auraient tué davantage dans ces commencements si la multitude
des gens ne leur eut fait peur et s'ils ne les fussent point aller
chercher chez eux pour les combattre, ce qui les intimida ; en quoi
on a beaucoup d'obligation à M. de *Courcelle*, gouverneur de ce
pays, car il a pris des peines incroyables et risqué beaucoup sa vie
nommément cet hiver parceque jugeant qu'il était très-important de
donner aux Iroquois une juste idée de nous, il se résolut à aller
chez eux aussitôt que les glaces seront bonnes : [1] on ne saurait
exprimer l'excès de peines qu'il eut à ce voyage pour le peu d'expérience qu'avaient nos Français, ce que je décrirai plus au long sans
que ce soit m'étendre plus loin que je ne me suis prescrit dans cette
histoire, à laquelle je puis seulement ajouter que M. de Courcelle
avait 70 Montréalistes en cette expédition, sous le commandement
de M. Lemoine, et que M. le Gouverneur les sachant les mieux
aguéris, il leur fit l'honneur de leur donner la tête en allant et la
queue au retour ; y en ayant peu d'autres auxquels il eut pu leur
confier ces marches honorables et périlleuses parmi ces bois dont
nos troupes avaient si peu d'instruction en ce temps-là ; aussi M.
le Gouverneur se reposait beaucoup sur eux tous et leur témoi-
gnait une confiance particulière et les caressait grandement, il les
appelait ses capots bleus, comme s'il les eut voulu nommer
" Les enfants de sa droite ; " que si tout son monde eut été de
pareille trempe, il eut été en état d'entreprendre davantage
qu'il ne pût pas : au reste, pour cette occasion et pour toutes les
autres, M. le Gouverneur a trouvé toujours le peuple de ce lieu plus
prompt à marcher qu'aucun autre, ce qui a fait qu'il a toujours
uniquement eu une affection toute particulière pour le Montréal ;
ce qu'ayant été trouvé à redire par une personne, il lui répondit :
"—Que voulez-vous, je n'ai mieux trouvé de gens qui m'aient servi

1 Cette expédition eut lieu le 9 janvier 1666 (que M. de Courcelle quitta Québec)
au 19 mars suivant qu'il y entra avec ses troupes (Journal des Jésuites M. S.)

pendant les guerres et qui m'aient obéi." L'été d'après, on fit une seconde entreprise contre les Iroquois où M. de Jurel eut le commandement dans lequel parti, il fut assisté d'environ 50 Montréalistes quoiqu'il n'eut environ que 200 Français. M. de Tracy allant pendant l'automne en guerre contre les mêmes ennemis, il eut 110 habitants du Montréal auxquels il accorda le même honneur, allant chez les ennemis, les faisant marcher assez loin devant jusqu'à la vue des villages ennemis, bravant les plus grands périls qu'on pouvait encourir. M. Lemoine eut l'honneur pareillement d'être capitaine des habitants en cette occasion et M. de Bellestre celui d'être lieutenant ; outre cette compagnie, nous avions encore trois autres Montréalistes, trois qui étaient près de M. de Courcelle ou de certains capitaines, lesquels étaient leurs amis particuliers, ces trois étaient M. Daillebout, M. du Homeny et M. de St. André ; quand à M. Daillebout, il ne vint pas jusqu'au pays pour une morsure d'ours qui l'en empêcha, quant à M. du Homeny, il vint non-seulement en ce voyage mais encore en celui de l'hiver fait par M. de Courcelle, où il pensa périr et aussi en celui de M. de Sorel. La troupe de MM. les habitants de Montréal dans l'expédition de M. de Tracy se peut encore grossir par la venue d'un prêtre du Séminaire de St. Sulpice, lequel étant arrivé cette année là de France 5 ou 6 jours devant cette expédition, y assista selon son ministère, ainsi que la relation du Canada le manifeste, sous le nom de M. Colson; au reste, ce prêtre fit un bon noviciat d'abstinence sous un certain capitaine qui peut-être appelé le grand maitre du Jeune, du moins cet officier aurait pu servir de père maitre en ce point chez les pères du désert : (M. l'abbé Dubois devait faire pour) M. l'abbé Dubois qui était de cette confrérie y pensa mourir absolument pour le même sujet. Pour l'ecclésiastique de St. Sulpice, il était d'une complexion plus forte, mais ce qui l'affaiblissait beaucoup, c'étaient les confessions de nuit, travaux spirituels qu'il fallait faire tandis que les autres dormaient, ce qui fit qu'il ne put jamais sauver un homme qui se noyait devant lui, ce qu'il eut fait aisément sans cette grande faiblesse et que un affronteur de cordonnier l'avais mis nu-pieds pour une méchante paire de souliers qui n'avaient plus que le dessus, ce qu'étant bien rude surtout en ce lieu là à cause des pierres aigues dont l'eau et le rivage sont pavés, ces choses l'ayant rendu paresseux, quand ce fut à l'extrémité et qu'il se fut déshabillé pour se jeter à la nage, il n'en était plus temps, ce qui n'empêche pas que sa tentative en eut une bonne récompense, parceque cet homme étant en quelque façon aux RR. PP. Jésuites, un des pères de la compagnie l'ayant remercié de ce qu'il avait voulu faire, il lui répondit que la faiblesse de la faim l'avait empêché de faire davantage, ce bon père entendant ce discours, le tira à part et lui donna un morceau de pain assaisonné de deux sucres tous diffréents, l'un de Madère et l'autre de l'appétit.

DE L'AUTOMNE 1666, JUSQU'A L'AUTOMNE 1667 AU DÉPART DES VAISSEAUX DU CANADA.

Dans la fin de cet automne, M. Frémont, prêtre de cette communauté, se rendit aux Trois-Rivières, afin d'y assister les habitants selon son ministère, mais il fit un voyage fort rude et dangereux, d'autant qu'il fut obligé de descendre fort tard dans une petite barque fort mal provisionnée qui croyait être bientôt rendu, mais qu'un vent contraire fit tromper en son calcul, car elle fut longtemps à se rendre, et par dessus cela, on y souffrit de froid dans le dernier excès, tous les bords du fleuve se glacèrent jusqu'au courant qui, se trouvant moins fort lorsqu'ils furent dans le lac St. Pierre, se gela aussi bien que le reste, si bien qu'il leur fut impossible d'avancer ni de reculer, non plus que d'aller à terre par dessus les glaces à cause qu'elles étaient trop faibles, ce qui réduisait tout le monde dans une extrême anxiété, surtout à cause que l'on avait pas de quoi se couvrir et que l'on manquait de bois pour faire du feu, ce qui eut été insuportable à quelques-uns entre autres pendant la nuit, si M. Frémont ne leur eut donné sa couverte par charitable compassion, d'autant qu'il n'en avait point et qu'il était fort mal vêtu ; après que Dieu les eut tenu assez longtemps en cette épreuve où la diète était jointe aux rigueurs du froid, il fit souffler les vents avec une telle impétuosité, qu'ils firent sortir ce bâtiment du lac et le porta jusqu'à l'autre côte des Trois-Rivières où ayant mis pied à terre ils firent un grand régal par le moyen d'un grand feu qu'ils allumèrent, ce que MM. des Trois-Rivières ayant vu, s'imaginant bien que ce prêtre dont nous venons de parler était dans cette compagnie à cause qu'ils l'attendaient pour leur servir de curé, ils se résolurent d'hasarder le passage pour aller le chercher en canot d'écorce, ce qui réussit fort bien, parce que jamais ils n'eussent pu venir à eux en ce temps-là à cause des grosses glaces qui étaient aux Trois-Rivières. Je ne vous dis point ici ce qu'ils firent étant arrivés aux Trois-Rivières, parceque vous jugerez bien qu'après avoir remercié Dieu, ils ne manquèrent pas de se bien réchauffer et de bien faire voir leur appétit. Quant à ce qui regarde la guerre des Iroquois, nous ne vous parlerons plus de leurs embuscades, car la peur de la précédente campagne les avait tellement effrayés que chaque arbre leur paraissait un Français et qu'ils ne savaient où se mettre ; néanmoins comme on n'était pas informé de leur terreur, on se tenait toujours fort ici sur ses gardes, ce qui donna beaucoup de peine aux ecclésiastiques de ce lieu pour aller visiter le fort Ste. Anne qui était sans prêtre, encore qu'il fut le plus exposé aux ennemis comme étant beaucoup plus avancé que les autres qu'on avait fait depuis la venue des troupes. Mr. de Tracy ayant bien considéré combien il était fâcheux de laisser ce lieu sans aucun secours spirituel, écrivit à M. Laurent, le supérieur du séminaire, le priant d'y envoyer un prêtre, il n'y eut personne de cette communauté qui n'estima cette commission fort avantageuse, parcequ'on y devait avoir l'occasion d'y bien souffrir et de beaucoup s'exposer pour Dieu ; cependant Mr. Souard qui devait avoir de la prudence pour tous, ne pouvait pas se résoudre à envoyer un prêtre dans un temps de guerre où il y allait d'être brûlé vif, sans une escorte considérable, ce fort nouvellement fait était à près de 25 lieues d'ici du côté des ennemis, c'est pour cela que tout demeura en suspens. Mr. Souard voyait bien une lettre de Mr. de Tracy qui lui proposait le secours spiri- tuel de tous ses soldats et officiers qui étaient là dans un état assez pitoyable, mais il n'avait pas songé à donner aucun aide pour y escorter un missionnaire et les officiers de ce lieu ne jugèrent pas à propos de risquer leurs soldats et de leur donner une telle fati- gue sans un commandement absolu de sa part. Cela étant, M. Souard se contenta de nommer l'ecclésiastique qu'il jugea à propos devoir aller à Ste. Anne afin de se tenir prêt, s'il s'en trouvait l'occasion : ce qui arriva dans un temps assez facheux pour lui quelque temps après ; puisque cet ecclésiastique étant allé à la guerre de l'automne, il lui en avait resté une grosse enflure en forme d'une loupe sur le genou. Or après plusieurs remèdes, il se fit saigner, mais le chirurgien mal à propos lui ayant tiré une furieuse quantité de sang, il s'évanouit entre ses bras, revenant à soi, il vit entrer deux soldats en sa chambre qui le saluèrent et lui dirent qu'ils venaient du fort St. Louis qui est à 4 lieues d'ici, sur le chemin de Ste. Anne, entendant ces paroles, après leur avoir demandé des nouvelles de leur fort, il s'enquit d'eux quand ils s'en voulaient retourner, ils lui répondirent que ce serait le lendemain, à quoi il repartit :—" Donnez-moi un jour et je partirai avec vous pour Ste. Anne où je ne puis aller si vite à cause d'une terrible saignée qu'on vient de me faire." Ce délai obtenu et écoulé, il partit avec le congé du supérieur qui fut plus difficile à avoir, accompagné de Messieurs Lebert, Lemoine et Mijeon qui voulu- rent aller avec lui à St. Louis, il est vrai que dans cette route, ce prêtre qui était nouvellement arrivé de France, trouva bien à qui parler tant pour l'infériorité de son genou que pour les faiblesses que lui avait causées sa saignée, que pour aussi la difficulté des neiges qui étaient pour lors très mauvaises surtout à un nouveau Canadien qui n'avait jamais marché en raquette et qui avait un fardeau sur ses épaules pendant un partie du chemin ; quand il fut à St. Louis on lui refusa de l'escorter 24 heures durant, mais à la fin comme on le vit résolu de partir nonobstant, on lui donna dix hommes dont un enseigne demanda le commandement pour l'amitié qu'il lui portait. La providence est admirable, il ne croit jamais avoir tant souffert que pendant ces 24 heures où il lui eut été impossible de marcher, ce qu'il dissimulait de son mieux, crainte qu'on ne lui fît encore plus de difficultés à lui donner de l'escorte et sans qu'on sut son mal on lui donna du temps pour se reposer, après quoi on lui donna ce monde et il partit, quoiqu'il eut ordre de son supérieur de ne pas passer outre qu'il n'eut 25 ou 30 hommes, parcequ'il est vrai qu'il avait un fort pressentiment des misères que nous verrons qu'il trouva au fort Ste. Anne lors de son arrivée ; y allant, il ne trouva rien autre chose de remarquable si ce n'est la difficulté des glaces qui le mit beaucoup en péril et même une fois, on croyait un soldat perdu parceque la glace ayant rompu sous lui et s'étant retenu avec son fusil sans couler tout-à-fait à fond, il ne pouvait remonter sur la glace à cause de ses raquettes qu'il avait aux pieds : l'ecclésiastique le voyant en si proche et manifeste péril pour l'amour de lui crut qu'il se devait hasarder pour le tirer de là, ce qu'il fit ; après s'être armé du signe de la croix, il alla à lui et le prit par les bras, mais cet homme étant si pesant et embarassé avec ses raquettes qu'il ne le pouvait tirer qu'à demi ; c'est pourquoi il demanda du secours, mais personne n'était d'humeur à lui aider en cette rencontre sans que ayant assuré M. *Darienne* qui était l'enseigne dont nous avons parlé, que la glace était fort bonne sur le bord du trou, il vint lui-même n'osant pas faire de commandement à personne, étant venus, ils tirèrent tous deux ce grand corps et l'allèrent faire chauffer au plus vite remerciant Dieu de l'avoir tiré de là. Mais passons outre et approchons du fort Ste. Anne, car on y crie déjà depuis plusieurs jours et on y appelle un prêtre, déjà deux soldats sont morts sans ce secours et l'un d'eux en a demandé un huit jours entiers sans l'avoir pu obtenir, mourant dans ce regret ; plusieurs moribonds jettaient vers le ciel la même clameur, lorsqu'à ce moment, il leur en envoya un pour les assister. Ces soupirs, ces attentes et ces désirs firent que tant loin qu'on le vit sur le lac Champlain qui environnait ce fort, on alla donner l'avis à M. Lamothe qui commandait ce lieu là ; lui sachant cette nouvelle sortit incontinent avec Mes-

sieurs les officiers et les soldats qui n'étaient pas absolument nécessaires pour la garde du fort, allant tous avec une joie indicible au
devant de lui, l'embrassant avec une affection si tendre qu'il ne
peut s'exprimer, tous lui disaient : " Soyez le bienvenu, que n'êtes
vous venu encore un peu plus tôt, que vous étiez souhaité par
deux soldats qui viennent de mourir, que vous allez apporter de
joie à tous nos malades, que la nouvelle de votre arrivée les réjouit,
que nous vous avons d'obligation." Comme on lui faisait ces compliments, l'un le déchargeait de son sac, l'autre lui enlevait sa
chapelle, et enfin l'ayant mis dans un état plus commode, on le mena
au fort où après quelques prières faites, il visita quantité de malades dans leurs cabanes, ensuite de quoi, il alla se rafraîchir avec
Mrs. Lamothe et Durantaye et tous messieurs les officiers subal-
ternes; au reste, il était temps d'arriver, car de 60 soldats qui
étaient dans ce fort, en peu il s'en trouva 40 attaqués du mal de
terre tout à la fois : maladie qui les infecte tellement et les mettait dans un si pitoyable état qu'on ne savait qui en réchapperait
tant ils étaient grandement malades, même on appréhendait que
ceux qui restaient encore sains ne fussent saisis de ce mal conta-
gieux, surtout à cause qu'ils n'avaient aucuns légumes, qu'ils
n'avaient que du pain et du lard et que même leur pain était mauvais à cause que leur farine s'était corrompue sur la mer. Ce qui
leur causa toutes ces disgrâces à l'égard des vivres, ce fut que
jusqu'à la fin de l'automne, on avait résolu d'abandonner ce lieu
qu'on ne pensa à garder que dans un temps où l'approche de l'hiver
réduisit M. l'intendant, nonobstant tous ses soins, à l'impossibilité
de le mieux ravitailler, ce qui obligea un chacun de se contenter
de la subsistance qu'on y put jetter en ce peu de temps qu'il y eut.
Or malheureusement, il leur échut de la farine gâtée et de l'eau-
de-vie que les matelots avaient remplie d'eau de mer en la traversée
de France, ils avaient en outre cela une barrique de vinaigre
laquelle eut été excellente pour leur mal, mais malheureusement,
elle coula et se perdit entièrement, enfin tout était en un si pitoyable état que tout eût péri sans que M. de Lamothe voulant tout
tenter afin de sauver la vie à un de ses cadets, l'envoya au Montréal avec quelques hommes qui en revinrent chargés, parceque
M. Souard et Mlle. Mance appréhendant surtout la mort de cet ecclésiastique qui était à Ste. Anne, lui envoyèrent plusieurs traines
chargées de tous les rafraichissements possibles ; comme pourpier,
salé, oignons, poules et chapons avec une quantité de pruneaux
de Tours ; M. de Lamothe voyant entrer toutes ces provisions dans
son fort et que ses amis lui en avaient envoyé fort peu pour n'en
avoir pas pu trouver, il pensa y avoir une petite querelle entre lui

et son missionnaire, il est vrai que comme ils étaient bons amis elle ne fut pas sanglante, il disait à cet ecclésiastique : " puisque nous mangeons ensemble, il faut que cela vienne chez moi." L'ecclésiastique répondit : " Je travaille assez pour les soldats, le roi me nourrira bien, quant à mes provisions je n'y goûterai pas, elles seront toutes pour nos malades, car je me porte assez bien pour m'en passer." Cela dit, il fit entrer cependant tout ce qui était venu dans sa chambre et il commença à donner tous les matins des bouillons qu'il faisait à tous les malades, sur lequel il mettait un petit morceau de lard avec un morceau de volaille. Le soir, il donnait à chacun 12 ou 15 pruneaux qu'il faisait cuire, ce qui a sauvé la vie à quantité de soldats ; parceque cela les faisant vivre plus longtemps on les transférait au Montréal successivement sur des traînes, ce qui était l'unique moyen de les guérir, parceque l'air était si infesté à Ste. Anne qu'il n'en réchappa pas un de ceux auxquels on ne put faire faire le voyage ; ces maladies duraient des trois mois entiers ; ils étaient des huit jours à l'agonie, la puanteur en était si grande que même il s'en trouvait dont l'infection s'en ressentait quasi jusqu'au milieu du fort, encore qu'ils fussent bien enfermés dans leurs chambres ; ces moribonds étaient si abandonnés que personne ne les osait quasi approcher hormis l'ecclésiastique et un nommé Forestier, chirurgien, lequel fit fort bien et n'aurait pas manqué de récompense si on avait bien su la charité avec laquelle il s'exposa, qui fut jusqu'au point qu'on ne croyait pas qu'il en réchappât, l'ecclésiastique qui était toujours auprès des malades a rendu ce témoignage de lui, qui est que jamais il ne l'a appelé soit de jour, soit de nuit, qu'il n'ait été fort prompt à venir, il est vrai que sur la fin, voyant qu'il était trop abattu, craignant qu'il ne demeurât tout-à-fait, et l'appelait le moins qu'il pouvait. Les malades se voyant dans ce délaissement trouvèrent un moyen admirable afin d'avoir quelques camarades à les aider ; pour cela, ils s'avisèrent de faire de grands testaments comme s'ils eussent été bien riches, disant : " Je donne tant à un tel à cause qu'il m'assiste dans cette dernière maladie, dans l'abandon où je suis." Tous les jours on voyait de ces testaments ; et chacun de ceux qui étaient plus éclairés riaient de l'invention de ces pauvres gens qui n'avaient pas un sol dans ce monde et ne laissaient pas de se servir utilement de ces biens imaginaires. Ce qu'on peut dire de toutes ces misères est que si le corps y était abattu, l'esprit y avait de la satisfaction à cause de la sainte vie que l'on commença à mener dans ce lieu, les soldats vivaient sains et malades comme s'ils eussent communié tous les jours, aussi le faisaient-ils très souvent, les messes

et les prières étaient réglées, et chacun était soigneux de s'y rendre,
les jurements et les paroles moins honnêtes ne s'y entendaient
quasi point du tout, la piété y était si grande que le missionnaire
qui y servait s'en trouvait abondamment payé de ses peines, il
assista à la mort 11 de ces soldats, assurément aussi bien disposés
qu'on le pouvait souhaiter. Tous les voyages du Montréal lui
apportaient de nouveaux rafraîchissements qui le rendait bon
orateur auprès de ses malades, s'il n'était pas dans leur chambre
ou bien dans la sienne à prendre un peu de repos, il était obligé
pour éviter le mal, d'aller entre les bastions du fort où la neige
était battue prendre l'air et faire des courses afin d'éviter le mal
dont il se ressentait un peu, ce qui l'aurait fait prendre pour fou
si on l'avait vu et on n'aurait pas su combien un exercice aussi
violent était nécessaire pour préserver de ce mal ; il est vrai que
cela était plaisant de voir réciter un bréviaire à la course, mais
comme il n'avait point d'autre temps, il croyait bien employer
celui-ci à dire son office, sans que messieurs les casuistes y puissent
trouver à redire, si sa chambre eut été plus commode, il l'eut fait
dedans avec plus de bienséance, mais c'était un bouge si étroit, si
petit et si noir que le soleil n'y entra peut-être jamais et d'un si
bas étage qu'il ne s'y put tenir debout. Un jour M. de Lamothe se
voyant avec si peu de monde, pour combattre et si avancé vers les
ennemis, il dit en riant à son missionnnaire : "—Voyez, monsieur,
je ne me rendrai jamais, je vous donnerai un bastion à garder ; "
Cet ecclésiastique afin de rendre le change à sa raillerie lui dit :
" M. ma compagnie est composée de malades dont le frater est le
lieutenant, faites moi préparer des civières roulantes, nous les
conduirons dans le bastion que vous nous direz, ils sont braves
maintenant, ils ne s'enfuiront pas comme ils ont fait de votre
compagnie et de celle de M. de la Durantaye dont ils ont déserté
pour venir à la mienne." Après ces railleries, on se vit dans la
croyance que nous allions être attaqués, mais heureusement c'était
des ambassadeurs Iroquois qui venaient demander la paix, accompagnés de quelques Français qu'ils ramenaient de leur pays,
aussitôt que l'on les vit, on fit faire grand feu par toutes les cabanes
afin de leur faire accroire qu'il y avait du monde partout, étant
venu au fort, on ferma toutes les cabanes afin de leur faire croire
qu'elles étaient pleines de monde ; outre cela on leur dit que
c'était merveille qu'ils n'avaient pas été tués à venir jusqu'à ce
lieu, d'autant qu'il y avait de tous côtés des soldats en parti, ce
qu'ils crurent par après très-véritable, à cause que s'en allant de
là au Montréal, ils trouveront une troupe de convalescents qui en
venaient au nombre de 14 ou 15, qui visèrent sur eux le fusil

bandé jusqu'à brûle-pourpoint, ils les eurent tirés, sans que le *Batara Flamand* qui est un célèbre entre les Iroquois, cria à un Français lequel étant derrière de parler promptement, ce Français ayant dit : " Ne tirez pas camarades, ils viennent en paix." Alors les convalescents cessèrent de les tenir couchés en joue et s'approchèrent comme amis ; ce qui fit bien plaisir à messieurs les Iroquois. Ce que nous avons encore à remarquer du fort St. Anne, au sujet du Montréal, est que si l'ecclésiastique du Montréal n'y était allé en ce temps-là, on n'aurait pas du moins sitôt tenté le voyage du Montréal, parcequ'on ne le croyait pas sitôt possible à cause des glaces, ce qui aurait causé la mort à bien des gens qui seraient morts sans confession ; je dois dire outre ceci que l'hôpital du Montréal s'est signalé par une confusion de malades qu'il a reçu de celui-là, auquel il a rendu tant de services en cette maladie qu'il en mérite trop de louanges pour n'en pas parler, comme aussi de la quantité de malades et de blessés qu'il reçut tout l'an dernier des forts de St. Louis et de St. Jean, sans omettre ceux de cette petite armée de M. de Courcelle qui trouva heureusement ce lieu à son retour pour ses malades et blessés, après cette terrible guerre de l'hiver que nous avons oublié de dire en son lieu.

Nous n'avons rien à dire du voyage que fit M. de Tracy cette année en l'Ile du Montréal, parcequ'il ne s'y passa rien d'extraordinaire, de telles courses n'étaient pas surprenantes à M. de Tracy qui en a beaucoup entrepris de semblables pour le service du Roi qui l'obligea de se transporter en ce lieu, afin de se faire connaître aux sauvages, comme étant le lieu le plus avancé du fleuve et où ils se rendent plus communément. M. Tallon y monta aussi dans le même temps tant pour le même sujet que pour y exercer, en qualité d'Intendant, toutes les fonctions que le service du Roi pouvait exiger de sa personne, lequel fit à l'édification et à la satisfaction de tout le public, qui le vit marcher de maison en maison suivant les côtes de cette Ile, afin de voir jusqu'au plus pauvre, si tous étaient traités selon la justice et l'équité, et si la nécessité de quelques uns n'exigeait point la participation de ses libéralités et aumônes, de quoi il s'est dignement acquitté. Nous ne devons pas oublier en cette année le passage de M. Souart en France, qui y alla exprès pour chercher des ouvriers évangeliques, parceque le nombre en était trop petit pour des nations d'une aussi vaste étendue.

DE L'AUTOMNE 1667 JUSQU'A L'AUTOMNE 1668, AU DÉPART DES
VAISSEAUX DU CANADA.

Il faut que nous commencions cette année par cette transmigra-
tion célèbre qui se fit de Lachine en ces quartiers, en donnant son
nom, pendant cet hiver à une de nos côtes d'une façon si authentique qu'il lui est demeuré ; si elle nous avait donné aussi bien
des oranges et autres fruits qu'elle nous a donné son nom, [quand
nous aurions dû lui laisser nos neiges en la place,] ce présent serait
plus considérable, mais toujours son nom en attendant est-il quelque chose de grand et fort consolant pour ceux qui viendront au
Mont Royal, lorsqu'on leur apprendra qu'il n'est qu'à trois lieues
de la Chine et qu'ils y pourront demeurer sans sortir de cette isle
qui a l'avantage de la renfermer ; mais passons outre et disons que
MM. de St. Sulpice sachant que l'océan leur était parfaitement ouvert
pour le Canada cette année ; aussitôt il y vint quatre ecclésiastiques de cette maison, savoir : M. l'abbé de *Quélus*, M. d'*Urfé*, M.
Dalleck et M. Gallinée, lesquels y arrivèrent tous quatre cet
automne à la grande satisfaction d'un chacun, M. de Fénélon et M.
Trouvé, prêtres demeurant en ce lieu, sachant que M. de Quélus
était arrivé pour supérieur de cette maison, ils s'offrirent aussitôt
à lui pour commencer une mission de la part du séminaire de St.
Sulpice dans le pays des Iroquois qui sont au nord du lac Ontario
lesquels les étaient venus demander ; une telle proposition si belle
d'abord à M. l'abbé de Quélus qu'il témoigna l'avoir très-agréable
pourvu que Mgr. l'Évêque en accorda la permission, ce qui étant
octroyé par ce digne prélat, ces deux missionnaires partirent
d'abord pour entreprendre cet ouvrage qui a toujours subsisté
depuis et à qui Dieu j'espère donnera la persévérence, mais disons
un mot des troupes qui partirent cette année ici pour s'en aller en
France, car après avoir été ici trois ans contre les Iroquois, ils s'en
retournèrent une partie chargés de leurs dépouilles que depuis ils
ont changé en bons louis d'or et d'argent. lesquels n'ont pas la
puanteur de pelleteries, transmutation que M. de Maisonneufve
n'avait pu apprendre, il est vrai que ce secret n'est pas avantageux
pour la colonie qui demandait que la substance du pays fut em-
ployée à avancer les travaux du pays, mais ils se sont moins mis
en peine de son établissement que notre ancien gouverneur, Dieu
veuille que la leçon qu'ils ont laissé à la postérité se puisse bien oublier
car autrement, on verrait ici la dernière misère, n'étant pas possible que des gens vivent ici sans avoir de quoi acheter aucuns fer-
rements ni outils, sans avoir de quoi acheter ni linge ni étoffe, ni

autre chose nécessaire à son entretien, le tout dans un lieu où le blé ne vaut pas un sol de débit, sitôt qu'il y en a un peu, où il n'y a aucun minéraux ni manufactures qui donnent rien aux habitants pour avoir leurs besoins. Tout cela bien considéré, on peut bien assurer le monde qu'on a plus à faire de bourses pleines qu'à remplir, si on veut donner les moyens aux colons de ces nouvelles terres de travailler à un établissement parfait au moyen des ma nufactures qui s'y peuvent élever peu à peu, que si les habitans n'ont rien dans ces commencements, comme produire de rien est un ouvrage de créateur et non de la créature, il ne faut pas attendre d'eux, mais plutôt il faut s'attendre de les voir périr dans leur nudité et besoin, à la grande compassion des spectateurs de leurs misères qui n'ont moyen d'y subvenir, au reste cette cupidité d'avoir est cause que tout le pays est sans armes, d'autant que le monde n'ayant plus de pelletrie, il à été obligé de les vendre pour avoir de quoi se couvrir, si bien que tout y est exposé aujourd'être la proie des Iroquois quand ils voudront recommencer à faire la guerre, le peuple n'ayant que les pieds et les mains pour toutes armes à se défendre! Dont la cupidité réduit toutes les dépenses du roi dans un extrême péril d'être perdues avec un assez bon nombre de sujets qu'il a déjà dans ces quartiers qu'on pourrait rendre fleurissants, si on faisait valoir ce qui en pourrait sortir aussi bien et avec autant de politique que font nos voisins qui en usent avec tant de prudence tant au dehors qu'au dedans de leur pays, qu'ils ont la plus grande partie des pelleteries du Canada et que tout le monde est chez soi à son aise, au lieu qu'ici, il est communément misérable; si les pelleteries ne valaient chez nous qu'un tiers moins que chez les étrangers nos voisins, tous les sauvoges viendraient ici et rien n'iraient chez les étrangers, car outre que les sauvages nous aiment mieux qu'eux, c'est que la chasse se fait chez nous et qu'ils ont la peine de la porter chez les étrangers avec beaucoup de peine.

DE L'AUTOMNE 1668 JUSQU'A L'AUTOMNE 1669 AU DÉPART DES VAISSEAUX DU CANADAS.

L'arrivée des ecclésiastiques de l'an dernier ayant grossi le clergé en ce lieu, M. l'abbé de Quélus trouva bon que deux prêtres allassent hiverner dans les bois avec les sauvages, afin de les instruire de notre religion et de s'instruire en même temps de leur langue; ce qui réussit fort bien à l'un d'entre eux nommé M. Barthelemy, lequel a bien appris le langage des Algonquins et leur

a rendu beaucoup de services pour le salut de plusieurs, quant à
l'autre prêtre, il y interrompit les premières instructions qu'il y
reçut par une grande entreprise qui fut faite suivant laquelle on
espérait au moyen d'un sauvage, lequel s'offrit pour guide, d'aller
à 7 ou 800 lieues d'ici afin d'y annoncer l'évangile dans un pays
qu'on sait être très peuplé, les préparatifs de ce voyage encore
qu'il ne se fît que dans l'été empêchèrent beaucoup les progrès
qu'il eut pu faire dans le bois avec les sauvages à cause que cela
lui fit rompre ses mesures, mais passons tous ces préparatifs et
disons un mot de son départ, tant à cause des personnes avec
lesquelles il fit le voyage à cause d'une affaire qui arriva pendant
ce temps. M. de Gallinée encore qu'il ne fut que diacre, sachant
les desseins qu'on avait parlé à M. l'abbé de Quélus afin qu'il jugea
s'il ne serait pas à propos qu'il fut de la partie avec ce prêtre que
nous avons parlé. M. l'Abbé ayant trouvé la chose fort à propos à
cause des avantageuses et plusieurs belles connaissances qu'il a,
il fut de la partie et fit avec MM. de cette communauté trois canots.
Un nommé M. de La Salle ayant autrefois beaucoup ouï parler des
pays où on allait par les Iroquois qui lui avaient fait venir la pensée de faire ce voyage, sachant qu'on l'allait entreprendre tout de
bon, fit une dépense très considérable pour cette découverte où il
alla avec quatre canots qui étant joints avec les 3 des deux ecclésiastiques faisaient le nombre de 7 canots lesquels contenaient 22
Français, tout ce monde s'étant disposé à un départ, il arriva une
facheuse affaire qui retarda le tout de 15 jours c'était un assassinat
facheux d'un considérable Iroquois commis par trois soldats des
troupes du Montréal ce qui menaçait d'un grand renouvellement
de guerre si on y donnait ordre au plus tôt, à quoi on ne tarda pas
à le faire, mais en attendant, ces messieurs ne pouvaient pas partir
parceque ils devaient passer chez les Iroquois où il n'eut pas fait
bon pour eux alors, et que d'abord les trois criminels étant saisis,
ils prièrent le prêtre qui devait partir de ne les point abandonner
jusqu'à leur mort qui fut le 6 de juin, où ayant fini leurs jours en
expiant leur crime avec une résignation admirable entre les mains
de Dieu on partit le même jour pour aller à la Chine qui termina
la première journée, c'est tout ce que nous avons à dire de ce
voyage jusqu'à un an, où nous en dirons la réussite.

DE L'AUTOMNE 1669 JUSQU'A L'AUTOMNE 1670 AU DÉPART DES VAISSEAUX DU CANADAS.

Il n'y a rien de considérable à mettre dans cette histoire pour le regard de cette année, sinon le voyage que M. de Gallinée et moi nous avons fait, vous le pouvez ici faire insérer si bon vous semble je l'ai écrit tout du long de mon style, mais comme il est beaucoup inférieur à M. de Gallinée, je n'ai pas jugé à propos de l'insérer, parceque la discription qu'en fait M. de Gallinée vous donnera plus de satisfaction. Nous concluerons cette année par M. Perrot, gouverneur du Montréal, qui y est arrivé après avoir bien essuyé des hazards et périls sur la mer avec M. Tallon l'Intendant, son oncle, tant cette année que la précédente année où il fut obligé de relacher au Portugal où ils firent naufrage. Comme c'est un gentilhomme fort bien fait et de naissance, son arrivée nous a tous donné sujet d'en beaucoup espérer.

DE L'AUTOMNE 1670 JUSQU'A L'AUTOMNE 1671 AU DÉPART DES VAISSEAUX DU CANADAS.

M. de Courcelle ayant beaucoup inspiré de frayeur aux Iroquois comme ils est remarqué dans la relation des pères Jésuites, ils lui amenèrent ici afin de calmer quelque colère qu'il leur avait fait paraître avec raison la nouvelle des captifs qu'ils avaient pris du côté des Putuotamistes, dont messieurs les ecclésiastiques de ce lieu profitèrent parcequ'ils en obtinrent deux filles sous le bon plaisir de monsieur le directeur du Montréal en attendant la venue de M. de Courcelle au Montréal qui fut le printemps suivant, c'est-à-dire environ trois mois après, d'autant que nous étions assez avant dans l'hiver lorsque ces esclaves furent rendus et qu'ils promirent ces deux filles ; M. de Courcelle a ratifié agréablement ce don et ces deux filles sont chez les sœurs de la Congrégation où elles ont appris le langage français et ont été élevées à l'Européenne, en sorte que la grande qui a été baptisée est en état de se marier avec un Français, mais ce qui serait à souhaiter ce seroit qu'on eut un peu moyen de la doter, afin qu'étant à son aise, cela donne exemple aux autres et les animât du désir d'être élevée à la Française ; la plus petite des deux filles dont nous parlons étant enlevée quelque temps après avoir été à la Congrégation par sa mère laquelle l'avait donné conjointement avec les Iroquois, une fille de la Congrégation courant après pour la faire revenir, cet enfant quitta sa

8

mère qui la tenait à bras pour se jetter dans les mains des filles de
la Congrégation. Feue Mad. la princesse de Conti a bonne part avec
quelques autres personnes de qualité à l'instruction de ces deux
filles pour certaine somme de 12 ou 13 cents livres que leur charité avait donné l'automne dernier et qu'on eut soin d'employer
selon leur pieuse intention. Au reste si l'eau de vie était bannie de
par tous les sauvages, nous aurions des milliers d'exemples de convertis à vous rapporter. Je ne doute pas que la plupart qui hantent
les Français n'embrassassent tous la religion, mais cette liqueur
leur est un appas si diabolique qu'il attrape tous les sauvages qui
sont proches des Français à l'exception de quelques uns d'entre
lesquels sont des Hurons que Dieu conserve quasi miraculeusement. Si un jour on voyait le désordre de la traite des boissons
passé, on aurait ici de la satisfaction, mais comme on voit tout
périr, par ce malheureux commerce cela donne beaucoup d'affliction à ceux qui sont le plus dans l'intérêt de Dieu, il n'y a quasi
rien à faire qu'avec les enfants, les vieilles et les vieillards, les
autres regardant l'eau de vie avec une telle avidité, soit qu'ils
soient Algonquins, soit qu'ils soient Iroquois, qu'ils ne le peuvent
quitter qu'après être ivres à n'en pouvoir plus, enfin, c'est une marchandise dont tout moralement parlant ils font le même usage que
le furieux fait de son épée, jugez si selon Dieu on doit la leur dis-
tribuer sans discrétion aucune et si celui qui donne et celui qui
reçoit ne seront pas égaux au poids de ce redoutable........... au jour
de la mort qui sera bien étrange à tous ceux qui ici journellement
contribuent sans se soucier, aussi librement qu'ils font au péché ; pour
moi quelques certains casuistes en disent ce qui leur plaira, je ne
crois pas que le plus hardi voulut mourir immédiatement après
avoir donné à un sauvage une portion suffisante pour l'enivrer, ce
qui est l'enivrer infailliblement et le faire tomber en péché mor-
tel, vû qu'il est écrit : Malheur à celui par qui le scandale arrive ;
à cela on me dira, si la traite de boisson ainsi faite n'est pas per-
mise aux gens de bien, il faut qu'ils se résolvent à mourir de faim,
de froid et de misère, laissant tout aller à des gens sans conscience
qui traitent des liqueurs sans discrétion. Je réponds à cela qu'il
est vrai et qu'il leur faut continuer de souffrir jusqu'au tombeau,
sans que l'amour de commodité ou du nécessaire leur permette
jamais de consentir au péché pour leur intérêt propre ou celui de
leur famille, qu'ils doivent tout naturellement sacrifier à Dieu
quelque compassion et peine naturelle qu'ils en aient ; mais à ceci,
je vas au delà de l'histoire, passons au printemps de cette année où
M. de Courcelle étant monté au Montréal reçut les captifs que les
Iroquois lui avaient amenés et y attendit les Othaouais, selon la

prière qu'ils lui en avaient faite et comme il leur avait promis ;
mais comme il jugea qu'ils seraient encore quelque temps auparavant que de venir, il se résolut de profiter du séjour qu'il avait
à faire hors de Québec et de monter tout d'un coup sans que personne en fut averti jusqu'au grand lac Nontario sur lequel sont
placés les Iroquois, ce qu'il conçut avec beaucoup de prudence et
exécuta avec beaucoup de résolution. Si les Iroquois eussent su
sa venue comme c'est leur redoutable, ils lui eussent joué peut-
être quelque mauvais parti sur les chemins afin d'exécuter leur
mauvaise volonté contre le pays après l'avoir défait ; c'est pourquoi il fit prudemment de ne point découvrir son dessein ; mais il
lui fallait autant de vigueur que celle avec laquelle il l'accomplit
pour franchir aussi facilement et aussi promptement qu'il fit ces
mauvais pas qu'il y a à faire pour aller jusqu'au lieu où il voulait
aller ; au reste cette résolution étant considérable pour le pays parce
que les Iroquois commençaient à murmurer et nous menacer par
entre eux de la guerre, se confiant sur la difficulté de leurs rapides
qu'ils croyaient indomptables à nos bateaux pour s'en aller chez eux.
Mais M. de Courcelle leur ayant fait voir par expérience en cette
occasion comme ils se trompaient, cela les intimida beaucoup et
rabatit même tellement leur audace qu'ils firent passer la frayeur
que cette entreprise leur donna jusque chez les Européens qui
leur sont voisins, lesquels suivant leur rapport appréhendaient l'arrivée de M. de Courcelle avec une multitude de gens de guerre
que l'épouvante des Iroquois leur avait fabriqué. Plusieurs personnes de mérite accompagnaient M. le Gouverneur en cette belle
entreprise, entre autres M. Perrot, gouverneur du Montréal, lequel
pensa périr par un accident de canot, ce qui est assez à craindre
dans tant de différents périls, M. de Loubiat, dont chacun sait le
mérite, fut aussi de la partie, M. de Varennes, gouverneur des
Trois-Rivières, et autres officiers, comme aussi M. Lemoine, M. de
la Vallière, M. de Marinentville et autres 'habitants qui` y allaient
seulement pour accompagner M. le Gouverneur et lui donner des
marques de leur estime et bonne volonté ; Champagne, sergent de
la compagnie de M. Perrot y gouverna un bateau plat où il commença pendant le voyage où il eut des peines très considérables
et risqua sa vie quantité de fois, donnant des preuves à tout le
monde de son courage tant dans les travaux que dans les périls
Un prêtre du séminaire de Saint Sulpice eut aussi l'honneur d'accompagner et d'assister M. le Gouverneur avec toute sa troupe
dans ce voyage dont je ne dirai pas davantage à cause que les R.R.
P.P. Jésuites l'ont écrit en leur relation. Si je l'ai touché après eux,
ça a été par une pure obligation, à cause qu'il se trouve à propos

dans l'histoire du Montréal que je décris. Passons à l'arrivée des vaisseaux laquelle amène une digne gouvernante au Montréal en la personne de Madame Perrot, à la louange de laquelle nous dirons beaucoup sans nous écarter de ce qui lui est dû, quand nous dirons qu'elle se fait voir en sa manière d'agir pour nièce de M. de Tallon, l'Intendant de ce pays et son oncle. Il n'est pas aisé de juger quelle fut la joie de M. Perrot son mari et celle d'un chacun en ce lieu, quand on y eut les premières nouvelles de son arrivée, ma plume est trop faible pour le pouvoir exprimer, j'aime mieux le laisser à penser à chacun et venir au plus facheux point que nous ayons de cette année qui fut la mort de M. Gallinier, très-digne prêtre dont la mémoire est dans une singulière vénération, surtout parmi ses confrères qui soupirent après la bonne odeur de ses vertus. Il est mort de la mort de son lit ; mais auparavant pour secourir le prochain et lui donner ses assistances spirituelles, il a exposé sa vie toutes les fois qu'il y eut ici des alarmes l'espace de 14 ou 15 années, sans se soucier de toutes les cruautés que les Iroquois auraient exercées sur lui, ne demandant pas mieux que de périr dans ses charitables emplois ; nous ajouterons à la perte de ce laborieux soldat de J. C. le départ de M. l'abbé de Quélus rappelé en France pour ses affaires domestiques et de deux autres ecclésiastiques de ce lieu, l'un appelé M. Dalbecq, qui est auprès de M. l'abbé de Quélus, l'autre nommé M. de Gallinée dont nous avons parlé ci-devant.

DE L'ANNÉE 1671 JUSQU'A L'AUTOMNE 1672, AU DÉPART DES VAISSEAUX DU CANADA.

La précipitation avec laquelle je suis obligé de conclure cette histoire ne me permet pas de dire tout ce qui s'est passé en cette année où d'ailleurs je m'étais résolu de passer sous silence plusieurs choses que la prudence ne permet pas à la vérité d'énoncer ; ce qui fait que je me contenterai seulement de quelques réflections pour finir agréablement cette relation en laquelle je joindrai un petit abrégé de celle de Quenté, à cause que ce sont les ecclésiastiques de ce lieu qui desservent cette mission. Première réflection sur l'avantage que les femmes ont en ce lieu par dessus les hommes, qui est encore que les froids soient fort sains pour l'un et pour l'autre sexe, qu'il l'est incomparablement davantage pour le féminin, lequel s'y trouve quasi immortel, c'est ce que tout le monde a remarqué depuis la naissance de cette habitation et que moi-même j'ai remarqué depuis six ans, car encore qu'il y ait ici bien 14 ou

15 cents âmes, il n'y est mort qu'une seule femme depuis les six
années dernières, encore peut-être ce lieu eut-il gardé ses privi-
léges à l'égard de cette vieille caduque si le siége de La Rochelle
où elle avait été renfermé n'eut imprimé quelques facheuses
dispositions et qualités dans son corps *cacochime*, qui ont donné
à la mort une entrée que les avantages de ce pays pour l'immorta-
lité des femmes ne lui aurait point accordé. La seconde réflection
sera la facilité que les personnes de ce sexe ont à se marier ici, ce
qui est apparent et clair à tout le monde par ce qui s'y pratique
chaque année, mais qui se fera admirablement voir par un exemple que je vais rapporter qui sera assez rare, c'est d'une femme
laquelle ayant perdu cette année son mari a eu un banc publié,
dispense des deux autres, son mariage fait et consommé avant que
son premier mari fut enterré. Ces deux réflections à mon avis sont
assez fortes pour faire déserter la pitié et une bonne partie des
filles de tous les hôpitaux de Paris, si peu qu'elles aient envie de
vivre longtemps ou de dévotion au 7e sacrement. La troisiè
me réflection sera un célèbre prisonnier que nous avons eu cette
année, lequel s'est sauvé dix ou douze fois, tant ici qu'à Québec et
ailleurs, dans lesquels endroits, les serruriers ont perdu leur crédit
à son égard, les charpentiers et maçons y sont entré en confusion,
les menottes lui étaient des mitaines, les fers aux pieds des chaus-
sons et le carcan une cravate ; qu'on lui fasse des ouvrages de charpente propres a enfermer un prisonnier d'Etat, il en sort aussi
aisément qu'un moineau de sa cage lorsque la porte en est ouverte ;
il trouvait si bien le faible d'une maison, qu'enfin il n'y a point
de murailles à son épreuve, il tirait les pierres aussi facilement
des murailles que si les maçons y avaient oublié le ciment et leur
industrie, bref, il s'est laissé reprendre plusieurs fois comme s'il
avait voulu insulter tous ceux qui voulaient se mêler de le garder,
une fois devant trois hommes qui l'avaient pris, lié, garotté, les
mains derrière le dos, il se délia sans qu'aucun des trois hommes
s'en aperçut, encore que celui qui l'avait flié ût un sergent lequel
avait été prisonnier en Barbarie qui se ventait savoir bien s'assurer d'un esclave en pareil cas et qui m'a assuré n'avoir rien oublié
de sa science pour bien garotter celui-ci ; bref cet athlète de la
liberté a enfin si bien combattu pour elle qu'il semble s'être délivré
une bonne fois pour toujours ; aussi a-t-il fait un coup bien vigoureux en cette rencontre et on peut dire qu'il y a en quelque façon
mérité sa liberté, car ayant été pris, il y a quelques mois et remis
entre les mains de six ou sept hommes bien armés de chacun son
fusil, ces hommes ayant placé toutes leurs armes en un endroit
pour jouer au pallot, leur prisonnier trouva à propos d'interrom-

pre leur partie pour commencer la sienne, il sauta sur les fusils, les prit tous sous son esselle, comme autant de plumes provenues de ces oisons bridés et avec un des fusils il coucha tous ces gens en joue, protestant qu'il tuerait le premier qui approcherait, ainsi reculant peu à peu en faisant face, il a pris congé de la compagnie et a emporté tous leurs fusils. Depuis ce temps, on ne l'a pu attraper et il est errant parmi les bois ; il pourra bien peut-être se faire chef de nos bandits et faire bien du désordre dans le pays quand il lui plaira de revenir du côté des Flamands, où on dit qu'il est allé avec un autre scélérat et une femme Française, si perdue qu'on dit qu'elle a donné ou vendu de ses enfants aux sauvages.

FIN DE L'HISTOIRE DU MONTRÉAL.

ABRÉGÉ DE LA MISSION DE KENTÉ.

———

Tout ce que nous avons à dire de plus considérable de cette mission est renfermé dans une lettre qui nous a été adressée par M. Trouvé lequel a toujours été témoin oculaire de tout ce qui s'y est passé, ne l'ayant point abandonné depuis son commencement ; voici le rapport fidèle de ce qu'il m'a écrit, puisque vous désirez que je vous dise quelque chose par écrit de ce qui s'est passé dans notre chère mission chez les Iroquois, je le ferai bien volontiers contre toute la répugnance que j'en ressens, n'ayant souhaité jusqu'à aujourd'hui rien de plus sinon que tout ce qui s'y est passé ne fut connu que de celui à la gloire duquel doivent tendre toutes nos actions, et voilà la raison pourquoi nos messieurs qui ont été employés à cette œuvre se sont toujours tenus dans un grand silence ; d'où vient que M. l'abbé de Fénélon ayant été interrogé par Mgr. de Pestrée, notre évêque, de ce qu'on pourrait mettre en la relation touchant la mission de Kenté, il lui fit réponse que la plus grande grâce qu'il nous pouvait faire était de ne point faire parler de nous.

Ce fut l'année 1668 qu'on nous donna mission pour partir pour les Iroquois et le lieu principal de notre mission nous fut assigné à Kenté parceque cette même année, plusieurs personnes de ce village étaient venues au Montréal et nous avaient demandé positivement pour les aller instruire dans leur pays, leur ambassade se fit au mois de juin, mais comme nous attendions cette année là de France un supérieur, nos messieurs trouvèrent à propos qu'on les priât de revenir, ne jugeant pas qu'on dut entreprendre une affaire de cette importance sans attendre son avis ; pour ne rien faire làdedans que suivant ses ordres. Au mois de septembre, le chef de ce village ne manqua pas de se rendre au temps qu'on lui avait prescrit afin de tacher d'avoir et de conduire des missionnaires en son pays, alors M. de Quélus étant venu pour Supérieur de cette communauté on lui demanda et il donna très volontiers son agré-

ment pour cette mission, ensuite de quoi, on alla pour ce sujet
trouver Mgr. l'Evêque, lequel nous appuya de sa mission, quand à
M. le Gouverneur et monsieur l'Intendant de ce pays, on n'eut pas
de peine à avoir leur consentement, vu qu'ils avaient d'abord jeté
les yeux sur nous pour cette entreprise. Ces démarches absolument nécessaires étant faites, nous partîmes sans tarder parceque
nous étions déjà bien avancés dans l'automne ; enfin nous embar-
quâmes à Lachine pour Kenté le 2 octobre, accompagné de deux
sauvages du village où nous allions, après avoir déjà avancé notre
route et surmonté les difficultés qui sont entre le lac St. Louis et
celui de St. François, lesquels consistent en quelques portages et
trainages de canot, nous aperçumes de la fumée dans une des ances
du lac St. François, nos Iroquois crurent d'abord que c'étaient de
leurs gens qui étaient sur ce lac, c'est pourquoi ils allèrent au feu,
mais nous fûmes bien surpris, car nous trouvâmes deux pauvres
sauvagesses toutes décharnées qui se retiraient aux habitations
françaises pour se délivrer de l'esclavage où elles étaient depuis
quelques années ; il y avait quarante jours qu'elles étaient parties
du village Onnéiou où elles étaient esclaves et n'avaient vécu
pendant tout ce temps-là que d'écureuils qu'un enfant agé de dix à
douze ans tuait avec des flèches que lui avaient fait ces pauvres
femmes abandonnées. Nous leur fimes présent à notre arrivée de
quelques biscuits qu'elles jettèrent incontinent dans un peu d'eau
pour les amollir et pouvoir plus tôt apaiser leur faim, leur canot
était si petit qu'à peine pouvait-on être dedans sans tourner ; nos
deux sauvages délibérant ensemble ce qu'ils avaient à faire se
résolurent de mener chez eux ces deux pauvres victimes avec cet
enfant et comme elles craignaient qu'on ne les brûlat, car c'est là
le châtiment ordinaire des esclaves fugitifs parmi les sauvages,
elles commencèrent à s'attrister, alors je tachai de parler aux sauvages et de les obliger de laisser aller ces femmes qui dans
peu seraient chez les Français, je leur disais que s'ils les emmenaient M. le Gouverneur venant à le savoir serait convaincu qu'il
n'y avait encore rien d'assuré pour la paix puisqu'un des points
des articles de paix étaient de rendre les prisonniers, toutes ces
menaces ne purent rien sur leur esprit, ils nous disaient pour
raison que la vie de ces femmes était considérable, que si les
sauvages du village où elles s'étaient sauvées venaient à les rencontrer ils leur casseraient la tête. Ensuite nous marchâmes quatre
journées par les plus difficiles rapides qu'il y a sur cette route ;
après cela un de nos sauvages qui portait un petit baril d'eau-de-
vie dans son pays en but et partant il s'enivra, puisqu'ils ne boi-
vent pas autrement ni pour autre sujet, à moins qu'on ne les em-

pêche par force ; or comme ces gens sont terribles dans leur ivresse, nos prisonnières crurent que c'était fait d'elles parceque pour l'ordinaire nos sauvages s'enivrent pour faire leurs mauvais coups. Cet Iroquois ayant passé dans cet excès, il entra dans un état furieux et inaccessible et pour lors il se mit à poursuivre une de ces femmes, celle ci épouvantée s'enfuit dans le bois, aimant mieux périr par la faim que par la hache de son ennemi. Le lendemain, ce brutal surpris de sa proie échappée l'alla chercher dans le bois en vain, voyant enfin que le temps nous pressait de nous rendre à son village et que nous avions déjà eu de la neige, il se résolut de la laisser en ce lieu là avec son enfant et afin de la faire mourir de faim, ils voulurent rompre leur petit canot à cause que ce petit endroit était une isle au milieu du fleuve St. Laurent ; néanmoins à force de prières, ils leur laissèrent à nos instances ce seul moyen de salut : après notre départ et que la sauvagesse fut un peu rassurée, elle sortit de sa cache et trouvant alors son canot que nous lui avions fait laisser, elle s'embarqua dedans avec son petit garçon et vint heureusement au Montréal, l'ancien asyle des malheureux fugitifs ; quant à nous ayant emmené l'autre sauvagesse 5 ou 6 jours au dessus de cet isle sans jamais avoir pu obtenir sa liberté, à la fin ayant trouvé des Hurons qui s'en allaient en traite au Montréal, les sauvages réfléchirent sur ce que je leur avais dit que M. de Courcelle, qu'ils appréhendaient extraordinairement, trouverait mauvais leur.................... lorsqu'il le saurait, cette réflection leur fit remettre l'autre femme entre les mains de ces Hurons pour la ramener au Montréal, ce qu'ils firent fidèlement comme nous l'apprîmes l'année d'après, où nous sûmes aussi ce qui était arrivé à cette autre pauvre femme et à son petit enfant ; à la fin à force de nager, le jour de la fête de St. Simon et de St. Jude, nous arrivames à Kenté où nous serions arrivés la veille si ce n'avait été la rencontre de quelques sauvages qui ravis d'apprendre que nous étions à Kenté pour y demeurer nous firent présent de la moitié d'un orignal ; au reste ce même soir, après avoir retrouvé les hommes qui nous avaient fait ce présent étant tous près des cabanes, nous aperçûmes au milieu d'une belle rivière où nous étions entrés ce jour-là pour accourcir notre chemin, un animal qu'ici l'on nomme Scononton et qu'en France on appelle chevreuil, ce qui nous donna le plaisir d'une chasse agréable surtout à cause de sa beauté et gentillesse qui surpasse de beaucoup ce que nous voyons en ceux de France ; son goût aussi est bien meilleur et surpasse toutes les venaisons de la Nouvelle France. Etant arrivé à Kenté, nous y fûmes régalés autant bien qu'il fut possible aux sauvages du lieu, il est vrai que le festin ne fut que de quelques citrouilles fricassées avec de la graisse et que nous trouvâmes bonnes ; aussi sont-elles excellentes en ce pays et ne peuvent entrer en comparaison avec celles de l'Europe, même on peut dire que c'est leur faire tort que de leur donner le nom de citrouilles ; il y en a d'une très-grande quantité de figures, et aucune n'a quasi rapport avec celles de France, même il y en a de si dures qu'il faut avoir des haches lorsqu'elles ne sont pas cuites et qu'on les veut ouvrir, toutes ont des noms différents. Un pauvre homme, n'ayant rien de quoi nous donner, fut tout le long du jour à la pêche afin de nous attraper quelque chose, et n'attrapant qu'un petit brocheton nous le présenta tout déconforté et confus de n'avoir que cela à nous donner : il n'y a rien qui soit plus capable de mortifier un Iroquois que quand il voit arriver quelque étranger dans son pays et qu'il n'a rien de quoi leur présenter, ils sont fort hospitaliers et vont très-souvent convier ceux qui arrivent à leur nation de venir loger chez eux. Il est vrai que depuis qu'ils hantent les Européens ils commencent à se comporter d'une autre façon. Mais voyant que les Anglais et Flamands leur vendent tout jusqu'à un homme, ils les aiment moins que les Français qui ordinairement leur font présent de pain et autres petites choses quand ils vont chez eux. On ne peut pas être reçu avec plus d'amitié que nous reçurent ces barbares, chacun fit ce qu'il put, jusqu'à une bonne vieille qui par grand régale, jetta un peu de sel dans une sagamité ou bouillie au bled-d'Inde qu'elle nous faisait. Après avoir un peu respiré l'air de ce pays, nous délibérâmes, M. de Fénélon et moi, ce que nous avions à faire sur le sujet de la religion, nous convinmes pour cela de nous adresser au chef du village appelé Rohiario, lequel nous avait obligé d'aller en son pays ensuite de quoi nous lui allâmes.......... qu'il savait assez qu'il nous était venu chercher afin de les instruire, que nous n'étions venu que pour cela, qu'il commencerait à nous aider dans ce dessein, qu'il avertit dans son village un chacun d'envoyer ses enfants dans notre cabane afin d'être enseignés, ce qu'ayant réussi comme nous l'avions désiré, quelque temps après, nous priâmes le même sauvage de trouver bon et de faire agréer à sa nation que nous baptisassions leurs enfants ; à cela ce vieillard répondit : " On dit que le lavement d'eau (c'est ainsi qu'ils appellent le baptême) fait mourir les enfants ; si tu baptises et qu'ils meurent on dira que tu est un Andastogueronon, (qui sont leurs ennemis,) lequel est venu dans notre village pour nous détruire." Ne crains rien, répondisje, ce sont des mal avisés qui ont dit que le baptême tuait les enfants, car nous autres Français nous sommes tous baptisés et sans cela, nous n'irions pas au ciel, et pourtant tu sais bien que

nous sommes en grand nombre! Alors il nous dit: " Fais comme
tu voudras, tu es le maître." Nous assignâmes donc le jour que
nous devions conférer ce grand sacrement où plusieurs adultes se
trouvèrent et nous baptisâmes environ 50 petits enfants dont la
fille du *Roharia*. qui est une qui fut la première et s'appela Marie,
mettant ainsi nos premiers sous la protection de la Sainte Vierge;
ce qui est à remarquer c'est que n'étant mort aucun de ces 50 premiers baptisés, ils n'ont plus eu de peine contre le saint Baptême,
encore qu'il soit mort depuis plusieurs autres enfants après le saint
Baptême. Le printemps en 1669 M. de Fénélon étant descendu au
Montréal pour la consultation des difficultés qu'il eut dans le
voyage, où il traîna lui-même son canot tant qu'en montant qu'en
descendant au milieu des plus furieux rapides, il baptisa un enfant
qui mourut tout après ce qui le réjouit beaucoup au milieu de
ses peines qui sont si grandes qu'on ne serait pas cru si on
osait les rapporter, puisque en quantité d'endroits et très souvent
l'on monte des eaux plus impétueuses que la descente d'un moulin, y étant parfois jusque sous les esselles, marchant nu-pieds sur
des pierres fort coupantes dont la plupart de ces eaux sont parées.
M. de Fénélon, revenant du Montréal, emmena avec lui un autre
missionnaire qui fut M. d'Urfé ensuite étant arrivé, il s'en alla
hiverner dans le village de Gandatsetiagon, peuplé de Sinnontou-
ans détachés, lesquels étaient venus à la côte du Nord dont nous
avons le soin; ces gens nous ayant demandés pour les aller instruire furent ravis quand on leur accorda cette grâce sitôt après
l'avoir demandée, quant à nous, ayant été obligés d'aller avec les
sauvages dans les bois pour nous tirer de la nécessité des vivres dans
laquelle nous étions à cause que notre établissement était nouveau, je tombai par une providence singulière dans le chemin de
quelques sauvages qui étaient passés il y a déjà un peu de temps,
mais nous fûmes un soir surpris, nous voyant arrivé dans un lieu
où il y avait de la fumée, c'étaient les mêmes sauvages sur la piste
desquels nous marchions parmi les neiges; approchant de plus
près, nous vîmes quelques branches d'arbre de..........desquelles
sortait un peu de fumée; c'était une pauvre Iroquoise laquelle
avait accouché de deux enfants lesquels étaient cachés sous ce
méchant cabannage avec quelques autres; alors son mari en
s'éveillant me dit: " Viens voir, robe noire, elle a accouché de trois
enfants." Ces pauvres gens étaient réduits dans la dernière nécessité, car ils n'avaient aucunes vivres et ils ne subsistaient que par
le moyen de quelques porcs-épics qu'ils tuaient et qu'ils mangeaient,
tout n'était pas capable de rassassier deux quoiqu'ils fussent plus
de neuf ou dix. Voyant cette pauvre femme, j'en fus d'autant plus

touché que je ne pouvais lui porter aucun secours, car nous étions pour le moins aussi dépourvus qu'eux, je lui demandai si ses enfants étaient en bonne santé, le mari répondit qu'un des deux mourrait bientôt, la femme les démaillota tous deux devant moi, et je vis qu'ils étaient à demi gelés et par dessus cela, il y en avait un qui avait la fièvre et était moribond. Je pris de là occasion de leur parler de notre religion en leur disant " que j'étais bien fâché que ces deux enfants allassent mourir sans être baptisés et qu'ils n'iraient jamais au ciel sans cela ;" après quoi je leur expliquai ces choses plus en détail jusqu'à ce que le mari m'interrompant me dit : "Courage, baptise les tous deux, mon frère, cela est facheux de point aller au ciel." Ce consentement donné je les baptisai tous deux et peu après bon nombre de ces nouveaux chrétiens alla jouir de la gloire ce même hiver, qui fut en 1670 ; depuis cela, il arriva à M. Durfé une chose qui lui pensa être funeste et que je veux remarquer : après avoir dit la sainte Messe, il alla faire son action de grâce dans le bois, mais il s'y enfonça si avant qu'il s'y égara et ne pouvait revenir, il passa le jour et la nuit à chercher son chemin sans le pouvoir trouver et après enfin il fut obligé de se reposer ce qu'il fit dans une attrape à loup qu'un sauvage avait fait, il y avait déjà quelque temps ; le lendemain au milieu de la sollicitude où le mettait son égarement, il eut recours à feu M. Ollier auquel s'étant recommandé, il poursuivit de marcher et alors il alla droit au village, pour cela, il croyait devoir beaucoup à sa protection ; pendant son absence, les sauvages avaient couru de toutes parts pour le chercher, étant de retour, ils firent un festin pour remercier l'Esprit de ce qu'il n'était pas mort dans le bois, il dit que pendant sa marche, il s'était substanté de ces méchants champignons qui viennent autour du pied des arbres et il assura qu'il les trouva fort bons, tant il est vrai que l'appétit donne bon goût aux choses qui sont les plus mauvaises. En 1671, le même missionnaire pensa périr dans une autre disgrâce qui fut que venant au Montréal son canot tourna sous voile d'un gros vent-arrière, au milieu du fleuve, mais quasi par bonheur encore qu'il ne sut point nager, Dieu le préserva d'autant qu'il le tint si bien au canot qu'on eut loisir de le secourir encore qu'on fut loin de lui. Cette dernière année, M. d'Urfé ayant fait séjour à un village de notre mission nommé *Ganeraské*, il prit la résolution d'aller visiter quelques sauvages établis à cinq lieues de là, pour voir s'il n'y aurait pas quelque chose à faire pour la religion. Le lendemain de son arrivée, une pauvre Iroquoise se trouva en mal d'enfant, or comme ces pauvres sauvagesses sont extrêmement honteuses quand elles sont dans cet état lorsqu'il y a des étrangers, cette

pauvre femme se résolut sans en rien dire d'aller dehors sur les
neiges pour enfanter, quoique dans la plus grande rigueur de
l'hiver. En effet peu de temps après, on entendit crier l'enfant, les
femmes de cette cabane toutes surprises y accoururent pour prendre cet enfant et secourir la mère. M. d'Urfé, voyant que cette honte
avait produit un si fâcheux effet, partit au plus vite pour retourner
à Ganeraské, et laisser la cabane libre, mais le troisième jour, il
résolut de venir à cette même cabane avec quelques Français
parceque sa chapelle y était restée, y étant de retour, il trouva cette
accouchée bien mal, les sauvagesses, lui dirent que depuis son
départ, elle avait eu encore un autre enfant et qu'elle perdait tout
son sang ; trois quarts d'heure après, la malade criait à haute voix
à quelqu'une de ses compagnes " donne moi de l'eau" et elle mourut au même instant, aussitôt après, celles qui l'assistaient la pous-
sérent dans un coin de la cabane comme une buche et jettèrent
auprès d'elle ses deux enfants, tous vivants qu'ils étaient, pour
être dès le lendemain enterrés avec leur mère ; d'Urfé qui était
assez proche pour entendre, mais non pas en commodité de voir ce
qui se passait, demanda ce que c'était et pourquoi on remuait tout,
les sauvages lui dirent : " C'est que cette femme est morte ;" alors
M. d'Urfé ayant vu de ses yeux la perte de la mère, il voulut
garantir les deux enfants par le baptême, ce qu'il fit incontinent et
fort à propos, car il y en eut un qui mourut la même nuit, l'autre
se portant très-bien, le lendemain un sauvage le prit pour l'enter-
rer tout vivant avec sa mère, à quoi M. d'Urfé lui dit : " Est-ce là
votre manière d'agir, à quoi pensez-vous ?" Un d'eux lui répartit :
" Que veux-tu que nous en fassions, qui le nourrira ?" " Ne trou-
verait-on pas une sauvagesse qui l'allaitera," lui répliqua M. d'Urfé.
" Non," lui répartit le sauvage. M. d'Urfé, voyant ces choses,
demanda la vie de l'enfant auquel il fit prendre quelques jus de
raisin et quelque sirop de sucre, de quoi il laissa une petite provi-
sion afin d'assister cet orphelin pendant qu'il irait à Kenté, éloigné
de 12 grandes lieues, chercher une nourrice, mais il le fit en vain,
car les sauvagesses par une superstition étrange ne voudraient pas
pour quoique ce soit au monde allaiter un enfant d'une décédée.
Ce missionnaire revenant voir son orphelin, il le trouva mort au
monde et vivant à l'éternité, après avoir reçu de ces jus et sirop
plusieurs jours. Voilà la misère dans laquelle sont réduits ces pauvres sauvages, ce qui ne s'étend pas seulement sur les femmes qui
sont enceintes dont il en meurt une grande quantité faute d'avoir
de quoi se soulager dans leurs couches, mais aussi sur tous les
malades car ils n'ont aucuns rafraîchissements et un pauvre
malade dans ces nations est ravi de la visite d'un missionnaire,

espérant qu'après l'instruction qu'il lui va faire, il lui fera présent d'une prune, de 2 ou 3 grains de raisin, ou d'un petit morceau de sucre gros comme une noix.

Nous avons eu de temps en temps des adultes que Dieu a tellement touchés dans leurs maladies, qu'après avoir reçu le Baptème, ils sont morts entre nos mains avec d'admirables sentiments de douleurs pour leurs péchés passés. Où il est à remarquer que les sauvages n'ayant pas reçu comme nous cette grande grâce de l'éducation chrétienne, ils ne sont pas en récompense punis comme nous à la mort de ce grand endurcissement qui se trouve ordinairement en nous pour lors, quand nous avons mal vécu ; au contraire, d'abord que les gens sont abattus du mal et par ce moyen plus en état de réfléchir sur le peu qu'est cette vie et sur la grandeur de celui qui est aussi le maitre de nos jours, si la providence dans ce temps le met entre les mains d'un missionnaire, communément il meurt dans les apparences d'un grand regret de tout le passé. Il faut que je rapporte un exemple qui est arrivé cette année sur ce sujet, aussi bien y a-t-il quelque chose d'extraordinaire qui mérite bien d'être mis au jour. Un sauvage un peu éloigné de nous et qui ne souciait guère d'en approcher parcequ'il ne faisait pas grand estime de la religion, fut saisi cet hiver d'une maladie languissante et à la fin l'a conduit au tombeau ; longtemps avant son décès, il rêva dans son son sommeil qu'il voyait une belle grande maison à Kenté toute remplie de missionnaires et qu'un jeune d'entre eux le baptisait ce qui l'empêchait d'aller brûler en un feu et le mettait en état d'aller au ciel ; aussitôt qu'il fut réveillé, il envoya à Kenté chercher un prêtre par sa femme pour le baptiser. M. d'Urfé ayant vu cette femme alla voir ce que c'était, le malade lui ayant dit la chose comme je viens de rapporter, il se mit à l'instruire fortement, ce que le malade écoutait avec une grande attention ; après cela, M. d'Urfé me vint trouver et j'y allais à mon tour, près de trois mois durant, nous lui fîmes successivement tous deux nos visites, toujours ce malade nous écoutait avec des oreilles si avides que nous étions extrêmement touchés en l'instruisant, ce n'étaient que des regrets du péché, des déplaisirs d'avoir offensé Dieu et des soupirs pour son service, incessamment il nous demandait le baptême afin d'être en état d'aller voir son Créateur, mais toujours nous différions de lui conférer ce sacrement, soit à cause des avantages que le malade tirait de ses fervents désirs pour la préparation à recevoir ce sacrement ; enfin après beaucoup d'importunités sur le même sujet, nous lui avons accordé ses souhaits lorsque nous avons vu qu'il était temps de le faire, et depuis avoir été lavé de cette eau salutaire, ayant édifié un chacun de ceux qui le voyaient pratiquer tant de beaux actes de vertu, il est mort pour vivre plus heureux, allant au lieu des soupirs des derniers temps de sa vie, de pareilles bonnes œuvres font la seule consolation des missionnaires parmi toutes les peines qui se rencontrent dans l'instruction de ces pauvres abandonnés, je les appelle ainsi même à l'égard de leurs âmes, car bien souvent ils n'ont pas pour le spirituel tout le secours qui leur serait nécessaire : *operaravy pauci missi vero multa*(?)Nous avons trois villages dans cette étendue de notre mission sans compter les cabanes écartées. Il n'y a pas un de ces villages où il n'y eut pour employer un bon missionnaire. Nos principales occupations sont auprès des malades ou auprès des enfants qui écoutent volontiers les instructions qu'on leur fait et même prient bien Dieu en leur langue et se croient bien récompensés si après leur instruction le missionnaire leur fait présent d'un pruneau ou d'un grain de raisin, ou quelqu'autre semblable rafraichissement, ce qui nous sert comme les Agnus et les images servent en France à ceux qui y font le catéchisme. Les pères et les mères n'ont aucune opposition à ce qu'on instruise leurs enfants ; au contraire, ils en sont vains, et en prient même souvent les missionnaires. Je suis obligé de rendre ce témoignage à la vérité, que les sauvages tous barbares qu'ils soient et sans les lumières de l'évangile ne commettent point tant de péchés que la plupart des Chrétiens.

Voilà un petit crayon de tout ce qui s'est passé dans notre mission autant que la mémoire me l'a pu fournir, car jamais je ne me suis appliqué à en faire aucune remarque, sachant bien que Dieu est une grande lumière et que quand il veut qu'on connaisse les choses qui regardent sa gloire, il ferait plutôt parler les arbres et les pierres. Je ne suis pas fort attaché à décrire les petites peines qu'ont pu ressentir les missionnaires de Kenté, ni les privations dans lesquelles ils se sont trouvés très fréquemment depuis le temps que cette œuvre est entreprise. Ce que je puis ajouter à la lettre de M. Trouvé est que les missionnaires de Kenté souffriront beaucoup moins à l'avenir que par le passé, d'autant que Messieurs du Séminaire de St. Sulpice ont fourni le lieu de bestiaux, cochons et volailles et que messieurs les missionnaires ont transférés avec beaucoup de peine ; que si le roi fait faire un jour quelque entreprise sur le lac Nontario comme le lieu semble l'exiger pour tenir les Iroquois dans la dernière soumission et avoir toutes leurs pelleteries qu'ils viennent faire sur nos terres et qu'ils portent après aux étrangers, ceux qui seront commandés pour cette exécution et établissement pourront recevoir de grands secours spirituels et temporels tout à la fois de Kenté, par les moyens des travaux et dépenses que font Messieurs du Séminaire de St. Sulpice en ce lieu ; je ne nomme pas en cette histoire ceux de ce séminaire qui font les dépenses du Montréal et de Kenté, quoique grandes et considérables, parceque je ne l'ose pas faire ; que si ceux qui liront ceci le trouvent à redire qu'ils trouvent bon que je me soumette à leur condamnation et que je n'encours point la disgrâce de ces Messieurs qui auraient bientôt retiré leur nom si je le voulais mettre sur le papier.

Ayant conclu cette relation on m'a fait voir la lettre qui suit, elle est écrite par M. *de Courcelle* et est adressée à M. *le curé du Montréal* ; j'ai estimé à propos d'en mettre la copie ci-après afin d'en sceller cette histoire, parceque j'ai cru ne pouvoir donner plus de poids et d'autorité aux vérités qui y sont renfermées qu'en usant d'une aussi digne main que la sienne pour faire connaître quels sont ceux dont j'ai entrepris de parler.

De Québec ce 25 Septembre 1672.

" Monsieur le comte de *Frontenac* étant arrivé, que le roi a
" pourvu de ce gouvernement pour me venir relever, ayant eu mon
" congé de la cour pour m'en retourner, je me prépare à partir et
" devant m'embarquer je suis bien aise de vous écrire celle-ci tant
" pour l'inclination que j'ai pour vous que pour tous vos messieurs,
" à cause de la fidélité au service du roi que j'ai toujours reconnu
" en vous pour vous en témoigner ma reconnaissance.

" Je vous prie aussi de faire connaître à tous nos habitants que
" je leur rends la justice qui leur est due, reconnaissant qu'ils
" ont toujours été prêts et des premiers, quand il s'est agi du ser-
" vice de Sa Majesté, et qu'ils aient à continuer comme ils ont
" commencé, je témoignerai à Messieurs les ministres quand l'oc-
" casion s'en présentera que Sa Majesté a dans notre quartier de
" véritables et fidèles sujets.

" Et comme je ne doute pas que des gens qui obéissent bien à
" leur prince ainsi qu'ils le doivent, ne soient des chrétiens dont
" les prières sont bien agréables à Dieu, conviez-les, s'il vous plaît,
" à le prier pour mon heureux retour en France, je demande cette
" même grâce à tous vos messieurs que je crois qu'ils ne me refu-
" seront pas, et à vous particulièrement, de qui j'espère toute
" assistance par vos bons suffrages, sur lesquels, je vous assure, je
" fonde mes meilleures espérances, en vous disant adieu, je vous
" prie de croire que je serai toujours de cœur et d'affection, etc.

Monsieur,

Monsieur Perot, Curé du Montréal.

Par M. de Courcelles.

FIN DE L'ABRÉGÉ DE LA MISSION DE KENTÉ.

www.ingramcontent.com/pod-product-compliance
Lightning Source LLC
Chambersburg PA
CBHW070945100426
42738CB00010BA/2199